지속가능한 세상을 위한
슬기로운 소비생활

지속가능한 세상을 위한 청소년 시리즈 09

지속가능한 세상을 위한 슬기로운 소비생활

초판 1쇄	2024년 10월 1일
지은이	장성익
편집	김영미
디자인	design KAZ
제작	공간
펴낸곳	이상북스
출판등록	제313-2009-7호(2009년 1월 13일)
주소	10546 경기도 고양시 덕양구 향기로 30, 106-1004
전화번호	02-6082-2562
팩스	02-3144-2562
이메일	klaff@hanmail.net
ISBN	979-11-94144-02-1

지속가능한 세상을 위한

슬기로운 소비생활

이웃과 지구를 생각하는 소비

장성익 지음

상
이상북스

들어가며

주변을 쓱 한번 둘러보세요. 무엇이 보이나요? 우리를 둘러싼 거의 모든 것은 소비의 산물입니다. 돈만 주면 무엇이든 살 수 있는 현대인의 생활은 끊임없는 소비의 연속으로 이루어진다고 해도 지나친 말이 아닙니다. 더군다나 소비의 대상은 물건에 국한되지 않습니다. 우리는 재화가 아닌 서비스도 소비합니다. 학교나 학원에서 수업을 듣는 것도, 여행을 다니는 것도, 영화나 스포츠 경기를 보러 가는 것도 모두 소비 행위거든요.

소비는 범위가 넓을 뿐만 아니라 크고 다양한 의미를 품고 있습니다. 일상생활을 하면서 필요한 물건을 사서 쓰는 것 정도로 소비를 좁게 생각하는 건 잘못입니다. 소비는 개인 차원의 돈 씀씀이나 생활습관 차원을 넘어 이 세상의 아주 많은 것과 깊은 관계를 맺고 있습니다. 경제, 환경, 정치, 사회, 기후, 민주주의, 인권, 문화, 인간의 자유 등과 같은 중대한 문제들이 복잡하게 얽혀 있지요. 특히 소비에는 오늘날 이 세상을 지배하는 자본주의 산업사회 체제의 원리와 특성이 오롯이 새겨져 있습니다. 요컨대 소비를 보면 이 세상과 우리 삶이 어떻게 돌아가는지를 알 수 있습니다.

이런 사실을 잘 보여주는 대표적 보기는 기후생태위기입니다. 알다시피 오늘날 지구 전체를 휩쓸고 있는 이 위기는 사람을 비롯한 수많은 생명을 감당하기 힘든 고통과 혼돈의 수렁으로 밀어 넣고 있습니다. 명심할 것은 위기를 일으킨 근본 원인이 경제성장을 맹목적으로 추구하는 자본주의 경제 시스템에 있으며, 이 시스템을 떠받치는 핵심 기둥 중 하나가 '소비주의'라는 사실이에요. 실제로 환경의 역사를 살펴보면 소비 자본주의가 뿌리내리면서 '소비 대중화'의 문이 활짝 열렸을 때부터 지구환경이 급격히 망가지기 시작했죠. 생태위기와 소비는 이렇듯 긴밀하게 얽혀 있습니다.

중요한 것은, 이렇듯 소비가 다른 많은 일과 연관돼 있기에 소비의 '안'만 들고파서는 소비를 제대로 이해할 수 없다는 점입니다. 소비는 제 홀로 존재하지 않아요. 소비의 '밖'에서 '안'을 들여다볼 줄 알아야 하고, 그 '안'과 '밖'이 어떻게 연결돼 있는지를 살펴봐야 합니다. 특히 자본주의 체제의 토대이자 이 체제를 움직이는 '엔진'인 대량생산-대량소비-대량폐기 시스템이라는 폭넓은 관점에서 소비를 바라보는 것이 중요합니다. 한마디로 소비의 바탕에 깔린 이 세상의 구조와 맥락을 알아야 한다는 얘기지요. 그래야 소비에서 비롯하는 다양한 문제를 올바로 파악할 수 있고 그 문제들의 해법 또한 정확하게 찾아낼 수 있습니다.

지난 2021년 11월 미국의 유명 여론조사 기관인 퓨리서치센터에서 우리나라를 포함한 17개 선진국 사람들을 대상으로 설문조사를 한 적이 있습니다. 질문은 '당신의 삶을 가장 의미 있게 만드는 것은 무엇인가?'였습니다. 결과가 꽤 큰 반향을 불러일으켰어요. '물질의 풍요'를 첫손가락에 꼽은 나라는 유일하게 우리나라밖에 없었거든요. 17개 나라의 답변을 정리한 결과는 1순위 가족, 2순위 직업, 3순위 물질적 풍요, 4순위 친구, 5순위 건강 등으로 나타났습니다. 잘사는 나라뿐만 아니라 가난한 나라와 비교해서도 우리나라 사람들이 유독 물질 가치를 중시한다는 또 다른 국제 조사 결과도 나와 있습니다.

어쩌다 이렇게 됐을까요? 여러 원인이 있겠지만 아마도 최근 몇십 년에 걸쳐 우리나라가 세계에서 유례를 찾아볼 수 없는 급속한 경제성장을 이룬 탓이 가장 크지 않은가 싶습니다. 전후좌우를 살피지 않은 채 오로지 물질의 풍요를 향한 외길 고속도로를 초고속 직진으로만 내달려온 결과라는 얘기죠. 그 열매는 물론 달콤해서 이제 우리나라는 적어도 외형적 기준으로는 선진국 대열에 들어섰다는 평가를 받기에 이르렀습니다. 그렇지만 이런 질문을 피해갈 수 없습니다. 우리는 그만큼 행복해졌을까요? 우리는 그만큼 자기 삶에 진짜로 만족하게 됐나요?

소비는 각 개인뿐만 아니라 한 사회의 집단적 가치관이나 생활

방식도 선명하게 드러냅니다. 그저 돈의 노예로 살아가는 '경제 동물'이 득시글거리는 곳에서 인간과 삶, 자연과 생명의 가치가 꽃필 수 있을까요? 참된 행복과 평화의 노래가 울려 퍼질 수 있을까요? 소비는 기후생태위기 극복 등 세상을 바꾸는 것은 물론 내 삶을 바꾸는 데서도 핵심적인 열쇠 가운데 하나입니다. 소비를 공부해야 할 또 하나의 중요한 이유가 여기에 있습니다.

아무쪼록 이 책이 소비에 관한 새로운 안목과 깊이 있는 교양을 키우는 데 도움이 되기를 바랍니다. 나아가 이런 공부가 세상과 삶을 실제로 바꾸는 데 이바지하는 소비생활의 변화로 이어지기를 기대합니다.

2024년 9월
장성익

차례

들어가며   4

1장 • 나의 소비는 세계 전체와 연결되어 있다

호수가 사라졌다!   15
물건의 일생   19
우리가 면 티셔츠를 입기까지   21
옷이 '환경악당'이라고?   26
내가 휴대전화를 교체할 때마다 벌어지는 일   30
플라스틱 천국에서 플라스틱 지옥으로   37
나의 소비는 세계 전체와 연결되어 있다   43
★ 함께 생각해요!   46

2장 • 현대인에게 소비란 무엇인가

'호모 콘수무스'의 탄생   49
화석연료 없이는 이루어질 수 없는   51
컨베이어 시스템에서 시작된 소비자본주의   57
사고 또 사고, 버리고 또 버리고   61
소비하라, 왕이 되리라   65
값비싼 '명품'을 구매하는 이유   68
물건이 쌓여가도 소비는 줄어들지 않는다   73
★ 함께 생각해요!   75

3장 · 쉽게 사고 빨리 버린다!

우리가 디지털 세계에 남기는 발자국　79
눈길 닿는 곳마다 광고가 보인다　84
다이어트와 성형수술의 제국　90
에코백과 텀블러 사용보다 중요한 것　95
제조회사가 당신의 스마트폰을 일찍 '죽이는' 방법　100
쉽게 사고 빨리 버린다!　105
★ 함께 생각해요!　107

4장 · 경제성장이 멈추면 세상이 망할까?

지상낙원 몰디브의 빛과 그림자　111
무한 성장과 무한 소비의 올가미　116
자동차 사고가 나고 전쟁이 나도 경제는 성장한다　120
이익은 사유화하고 손실은 사회화한다　126
이런 경제가 지속가능할까?　132
경제성장이 멈추면 세상이 망할까?　137
★ 함께 생각해요!　141

5장 · "우주여행을 가지 못해 가난하다"

물질적 풍요 속에서 불행한 현대인　145
사람과 자연에도 '값'을 매긴다　148
'잉여인간'의 슬픔　153
자유는 어디에…　159
'사회'와 '관계'를 파괴하는 불평등　163
'호모 에코노미쿠스'와 '헬조선'을 넘어　167
★ 함께 생각해요!　172

6장 · 가장 좋은 소비는 존재하지 않는 소비다

세상을 바꾸는 값진 무기, 소비   175
세상을 움직이는 힘, 윤리적 소비   179
가장 좋은 소비는 존재하지 않는 소비   184
"이 재킷을 사지 마세요!"   187
차갑고 메마른 세상에 인간의 온기와 물기 더하기   191
우리에겐 수리할 권리가 있다   195
★ 함께 생각해요!   201

7장 · 지속가능한 세상을 위하여

구조를 바꿔야 세상을 바꾼다   205
지구 한계 안에서 경제 운용하기   209
정의롭고도 생태적인 경제   214
모든 생명이 함께 사는 법   219
"배 위에 있는 모든 것을 던져라"   221
'좋은 삶'의 열쇠   223
★ 함께 생각해요!   227

참고문헌   228
이미지 출처   231

1장
나의 소비는
세계 전체와
연결되어 있다

RECEIPT

‒‒

‒‒‒‒‒‒‒‒ ············ ₩ ‒‒‒‒‒

‒‒‒‒‒‒‒‒ ············ ₩ ‒‒‒‒‒

‒‒‒‒‒‒‒‒ ············ ₩ ‒‒‒‒‒

‒‒‒‒‒‒‒‒ ············ ₩ ‒‒‒‒‒

‒‒‒‒‒‒‒‒ ············ ₩ ‒‒‒

‒‒‒‒‒‒‒‒ ············ ₩ ‒‒

‒‒

TOTAL ············ ₩ ‒‒‒‒‒‒‒‒‒‒‒

‒‒

THANK YOU

호수가 사라졌다!

세계에서 네 번째로 큰 호수가 불과 40-50년 만에 사라지고 있다고 하면 쉽게 믿을 수 있을까요? 하지만 이는 엄연한 사실입니다. 중앙아시아의 아랄해가 그 주인공이에요. 1960년대까지만 해도 아랄해는 우리가 사는 남한 크기의 70%에 이를 만큼 넓었어요. 그랬던 곳이 지금은 물은 90%, 면적은 75%나 줄어들어 지도에서 아예 없애야 할 지경에 이르렀죠. 광활했던 호수와 인근 지역 대부분은 황폐한 소금사막으로 바뀌고 말았습니다. 어쩌다 이렇게 됐을까요?

아랄해에는 아무다리야강과 시르다리야강이라는 두 개의 큰 강이 흘러들어 물을 공급합니다. 아랄해는 지금은 독립한 우즈베키스탄과 카자흐스탄이라는 나라로 둘러싸여 있지만 1990년대 초까지만 해도 옛 소련의 영토였어요. 소련은 1960년대부터 인근 지역을 거대한 면화 재배지로 개발했죠. 소련 전체 면화 생산량의 70%를 차지할 정도였어요.

면화는 물을 아주 좋아하는 작물입니다. 면화 농사를 지으려면 물이 많이 필요해요. 소련 정부는 면화 농사에 필요한 물을 확보하려고 이 두 강의 물줄기를 돌려버렸습니다. 특히 아무다리야강은 아주 크고 중요한 강이어서 '중앙아시아의 젖줄'이라 불렸는데, 면화 농사에 물을 빼앗기는 바람에 한때 2400킬로미터에 이르던 강 길이가 1400킬로미터로 줄어들고 말았습니다. 그 결과 아랄해로 흘러들어오던 물의 양도 급격히 줄었고요.

이렇게 되자 물에 함유된 소금기와 광물질 농도가 높아졌죠. 면화를 재배하느라 대량으로 뿌린 화학비료와 농약은 아랄해와 인근 땅을 망가뜨렸고요. 물의 양이 줄고 소금기와 오염까지 심해지니 이전엔 풍부했던 철갑상어와 잉어 같은 물고기도 자취를 감추었습니다. 물고기 종류가 32종에서 6종으로 줄고, 어획량도 1960년대 연간 4만 톤에서 2000년대 들어서는 불과 몇십 톤으로 쪼그라들고 말았습니다.

예전에 아랄해 주변 항구 도시들에서 번창하던 어업과 수산물 가공업은 거의 모두 망할 지경에 처했습니다. 물이 줄어들면서 기후마저 사납게 변했죠. 먼지 폭풍과 소금 바람이 심해졌습니다. 식수도 오염됐지요. 인근 주민들 건강이 나빠질 수밖에 없겠죠. 1980년대 말 한때는 아랄해 남쪽 해안 지역 어린이 사망률이 세계 최고 수준에 이르렀다고 해요. 결국 주민들은 먹고살 길을 찾아 정든

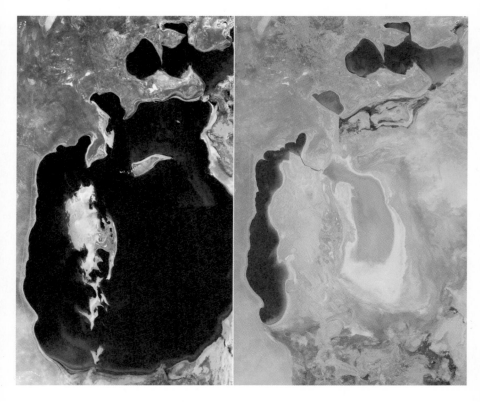

1989년(왼쪽)과 2008년(오른쪽)의 아랄해 위성 사진. 불과 20년 사이 호수가 절반 이상 줄어든 것을 확인할 수 있다.

고향을 등지고 떠날 수밖에 없었습니다. 자연에 기대어 평화롭게 고기잡이를 하며 생활하던 오랜 삶의 방식이 불과 수십 년 만에 무너져내리고 만 거예요.

아랄해를 살리려는 노력은 없었을까요? 전혀 없는 건 아니지만 전망은 밝지 않습니다. 특히 아랄해 남쪽을 둘러싸고 있는 우즈베키스탄은 호수 바닥에서 석유와 가스 개발 사업을 벌이느라 도리어 아랄해를 더 망가뜨리고 있다고 해요. 아랄해는 과연 언제까지 세계지도에 남아 있을까요?

물건의 일생

이 책의 주제는 '소비'입니다. 소비란 인간이 자신의 욕구나 필요를 충족하려고 물건 등을 소모하는 일이에요. 아랄해에 얽힌 면화 이야기는 이 소비에 어떤 의미가 담겼는지 되돌아보게 해줍니다. 목화라고도 불리는 면화는 옷을 만드는 원재료로 쓰이는데, 옷을 사고 입는 것이야말로 가장 일상적이고도 친숙한 소비행위의 하나니까요.

아랄해 이야기는 날마다 내가 입는 옷이 이 지구상 어딘가의 자연과 사람에게 영향을 미친다는 사실을 일깨워줍니다. 이는 곧 소비가 우리와 세계를 연결하는 하나의 통로가 된다는 얘기이기도 하죠. 소비는 소비 자체로 끝나지 않습니다. 제 홀로 존재할 수 없어요. 소비는 소비가 이루어지기 전과 이루어진 후에 벌어지는 여러 '일'과 연결되어야만 비로소 가능해지고 또 완성됩니다. 그래서 소비를 제대로 알려면 먼저 '물건의 일생'을 알아야 합니다.

물건은 어떤 일생을 보낼까요? 모든 물건은 일반적으로 '추출·

생산·유통·소비·폐기'의 단계를 거칩니다. 어떤 물건을 만들려면 먼저 원료 혹은 재료가 있어야 합니다. 광물자원, 나무 같은 생물, 물, 석유를 비롯한 화석연료 등을 자연에서 뽑아내야 하죠. 이것이 '뽑아냄'이라는 뜻의 추출입니다. 그다음 이런 것들을 이용해 공장 등에서 제품을 생산합니다. 그러자면 각종 기계와 설비장치를 가동해야 하죠. 그러고 나선 그것을 시장으로 가지고 와서 유통해야 합니다. 운송, 보관, 판매 등의 활동이 여기에 포함돼요. 그다음에 비로소 이루어지는 것이 소비예요. 이렇게 소비된 물건이 쓸모를 다해서 버려지는 것이 마지막 단계인 폐기입니다. 물건의 일생은 이런 각 단계의 연쇄로 이루어집니다.

중요한 것은 이 모든 단계에 빠짐없이 자원과 에너지가 사용되고 오염물질과 쓰레기가 배출된다는 점이에요. 동시에 모든 단계는 인간의 여러 노동이나 활동이 연관돼 있습니다. 물건의 일생이 자연과 인간 모두에게 영향을 미치게 되는 건 그 당연한 결과죠. 게다가 오늘날은 지구 전체가 하나로 얽혀 통합된 세계화 경제 시대입니다. 물건이 인간 및 자연과 맺는 상호관계와 이 관계 속에서 이루어지는 상호작용 또한 세계 전체에 걸쳐서 펼쳐집니다. 그래서입니다. 소비를 제대로 알려면 '물건의 일생'이 어떻게 이루어지고 이것이 세계와 어떤 관계를 맺고 있는지를 알아야 합니다.

우리가 면 티셔츠를 입기까지

　면화 이야기가 나왔으니 많은 사람이 즐겨 입는 면 티셔츠를 하나의 보기로 정하고 이것을 중심으로 물건의 일생이 전하는 메시지를 좀 더 깊이 살펴볼게요.

　면 티셔츠의 원재료인 면화를 재배하는 데 물이 많이 쓰인다는 얘기를 앞에서 했습니다. 실제로 면 티셔츠 한 장 만드는 데 쓰이는 물은 약 2600리터라고 해요. 면 청바지 한 벌 만드는 데는 약 7500리터의 물이 필요하고요. 이게 얼마나 되는 양일까요? 세계보건기구WHO에서 사람이 하루에 섭취해야 할 적당한 물의 양을 제시한 적이 있어요. 흔히 사용하는 200밀리리터짜리 잔으로 여덟 잔 정도입니다. 편의상 이것을 기준으로 하면 2600리터는 한 사람이 약 4년 반 동안, 7500리터는 약 13년 동안 마실 수 있는 양입니다.

　면화 재배에는 화학물질도 많이 투입돼요. 세계 화학비료 사용량의 10%, 살충제 사용량의 25%를 차지하죠. 대량의 물과 화학물질을 사용해 생태계를 크게 파괴하는 것이 면화 농사의 특성인 셈이지요. 면 티셔츠라는 물건의 일생 중 첫 단계에서 벌어지는 일입니다.

이제 면화농장을 떠난 면화 솜에서 실을 뽑아내 직물, 곧 옷감으로 만들 차례입니다. 여기에는 긴 생산 공정이 필요합니다. 무엇보다 에너지를 대량으로 소모하는 기계들이 사용되죠. 조면기(목화 씨를 빼거나 솜을 트는 기계)로 면화에서 솜을 분리해 내면 복잡한 공정을 거쳐 면사(솜에서 자아낸 실)가 만들어지고, 방직기가 이 면사를 면직물로 만듭니다. 하지만 아직 부드럽고 밝은 직물이 만들어지지 않았어요. 마무리 공정이 더 필요해요. 알칼리 용액에 직물을 넣고 끓여서 불순물을 없애야 합니다.

다음으로는 색깔을 조절해야 합니다. 이 표백과 염색 과정에서 또다시 많은 화학약품을 사용해요. 게다가 면은 본래 염색이 잘 안되는 탓에 염료의 3분의 1은 폐수로 버려집니다. 실제로 옷을 만드는 재봉틀에 직물이 이르기 전에 거치는 마지막 단계는 직물을 요모조모 손질하는 작업이에요. 직물을 부드럽게, 구김이 가지 않게, 얼룩이 잘 생기지 않게, 냄새도 잘 배지 않게 등등과 같이 만드는 거죠. 이 작업을 할 때도 위험한 화학물질을 씁니다. 포름알데히드라 불리는 이 화학물질은 호흡기 질환, 눈 쓰라림, 암 등을 일으키고 피부에 닿으면 알레르기가 생길 수도 있습니다.

이렇게 손질된 면직물은 이제 드디어 옷 제조 공장으로 넘어갑니다. 이 단계에선 어떤 일이 벌어질까요? 공장은 대부분 동남아 등지에 있죠. 그런데 여기서 일하는 노동자 대다수는 형편없는 환경 속에서 고된 노동에 시달립니다. 임금이 너무 적어 생계를 유지하기도 힘들어요. 옷을 만들어 파는 거대 기업들이 이런 곳에 공장을 두는 이유는 단 하나입니다. 값싼 노동력을 이용해 생산비용을 줄이기 위해서죠. 하지만 이윤을 최대한 많이 뽑으려고 무리하게 일을 시키다 보니 문제가 생기지 않을 수 없습니다.

2013년 4월 방글라데시 수도 다카 외곽의 '라나플라자'라는 9층짜리 의류공장 건물이 무너져내렸습니다. 1134명의 목숨을 앗아간 초대형 사고였지요. 이 사고로 공장에서 일하던 의류 노동자들이 얼마나 비참한 환경에서 일하는지 속속들이 드러났습니다. 이들이 한 달 내내 일하고 받는 임금은 우리 돈으로 4만 원이 채 되지 않았어요. 아무리 방글라데시와 우리나라의 경제 수준과 물가 차이를 고려해도 부당한 대우가 아닐 수 없습니다.

참사 10주년인 2023년에 국제 비정부기구인 액션에이드ActionAid가 발표한 보고서를 소개한 언론 기사에 따르면, 사고 당시 생존자의 63% 이상이 그 뒤 다시는 의류공장에서 일하지 않았다고 해요. 사고가 남긴 끔찍한 기억에서 벗어날 수 없었기 때문이죠. 그런데도 라나플라자의 공장주와 건물주 들은 지금까지 아무 처벌도 받

방글라데시 섬유 공장 라나플라자 붕괴 현장. 이 사고로 인해 의류 노동자의 노동 조건에 대한 관심이 높아졌다.

지 않았어요. 반면에 어떤 생존자는 보상도 제대로 받지 못해 거리에서 구걸하며 살고 있다고 합니다.

　이와 같은 일은 지금도 지구촌 곳곳에서 끊임없이 벌어지고 있습니다. 우리가 싼값에 사 입고 아무렇게나 버리곤 하는 면 티셔츠는 이렇듯 물의 대량소비와 화학물질 남용, 위험하고도 고된 노동, 건강과 인권 파괴 등의 과정을 거치고 나서야 비로소 우리 손에 들어오게 됩니다. 하찮아 보이는 면 티셔츠 한 벌에조차 자연과 사람이 겪는 다양한 고통이 배어 있다는 얘기지요.

옷이 '환경악당'이라고?

특히 주목할 것은 면 티셔츠를 넘어 의류산업 전체가 일으키는 환경문제예요. 섬유산업을 포함한 전체 의류산업은 기후위기의 가장 큰 주범인 석유산업에 이어 두 번째로 환경오염을 많이 일으키는 산업으로 악명이 높습니다. 세계은행^{IBRD}이 2019년 9월에 발표한 보고서는 세계 전체 이산화탄소 배출량의 약 10%가 의류산업에서 나온다고 지적했어요. 모든 비행기와 배 운항에서 나오는 이산화탄소를 몽땅 합친 것보다 많은 양이라죠. 산업용 물의 20%가 의류 생산에 사용되며, 의류를 만드는 과정에서 나오는 폐수가 전 세계 폐수의 20%에 이른다는 조사 결과도 있습니다.

쓰레기는 어떨까요? 요즘은 '패스트 패션'이 유행이에요. 패스트 푸드에 빗댄 말인 패스트 패션은 최신 유행이나 소비자 취향을 곧바로 반영해 옷을 빨리빨리 만들어 유통하는 것을 뜻해요. 그런 옷이 아주 싸고 흔해졌죠. 실제로 요즘 사람들은 옷을 너무 쉽게 사고 너무 쉽게 버립니다. 1년 동안 전 세계에서 만들어지는 옷

가나의 수도 아크라 해안 제임스타운 해변이 버려진 옷들로 뒤덮여 있다.

이 1000억 벌에 이르고 그 가운데 3분의 1이 버려진다고 해요. 그리고 헌 옷은 수출이라는 명목 아래 가난한 나라들로 떠넘겨지기도 합니다. 우리나라는 세계 5위의 헌 옷 수출국이에요. 주로 동남아시아 등지로 수출됩니다. 그런데 이 가운데 다시 사용되거나 판매되는 건 60%고 나머지 40%는 그냥 쓰레기로 버려진다고 해요.

면이나 마, 동물의 털 등으로 만드는 천연섬유와는 달리 석유나 석탄 같은 화석연료를 화학적으로 합성해서 만드는 옷감도 많이 쓰입니다. 이것을 합성섬유 또는 인조섬유라고 하는데, 종류가 아주 다양해요. 옷에 달린 라벨에 폴리에스터, 폴리에틸렌, 폴리우레탄(스판덱스), 나일론, 아크릴 같은 낱말이 쓰여 있다면 합성섬유로 만든 옷이라고 보면 됩니다. 그런데 이런 합성섬유로 옷을 만들면 천연섬유로 옷을 만들 때보다 더 많은 에너지를 사용하고 온실가스도 훨씬 더 많이 배출합니다. 게다가 이런 옷은 세탁하거나 버릴 때 미세플라스틱(크기가 5밀리미터보다 작은 플라스틱 조각이나 알갱이)을 비롯한 오염물질도 많이 나오죠. 국제 환경단체인 세계자연보전연맹IUCN의 추정에 따르면, 세계 전체 미세플라스틱의 3분의 1이 합성섬유로 만든 옷을 세탁할 때 발생한다고 합니다. 재활용이 어려워서 쓰레기로 나오면 대부분 매립하거나 소각해야 한다는 점도 문제고요.

이런 합성섬유나 합성섬유가 섞인 옷감이 섬유 전체 생산량의

70%에 이릅니다. 나머지 30%가 천연섬유고요. 앞서 면화 이야기에서 보았듯이 천연섬유가 일으키는 환경문제도 만만치 않죠. 20년 전과 비교할 때 전 세계 의류 소비량은 두 배로 늘어난 반면 옷한 벌의 평균 수명은 절반으로 줄었어요. 옷이 석유 다음가는 '환경악당'의 대명사가 된 건 이런 배경 때문입니다.

그렇다면 다른 물건들은 어떨까요? 두 가지 보기로 현대인의 생활에서 빼놓을 수 없는 휴대전화와 플라스틱을 살펴보겠습니다.

내가 휴대전화를
교체할 때마다 벌어지는 일

휴대전화를 만들려면 귀중한 자원이 많이 필요합니다. 휴대전화에는 금, 알루미늄, 텅스텐, 구리, 철, 코발트 등을 비롯해 평균 62종류의 금속이 들어 있어요. 이 가운데서도 큰 논란을 낳고 있는 건 콜탄이라는 광물자원이에요. 콜탄에는 탄탈럼이라는 물질이 들어 있는데, 탄탈럼은 전기 에너지를 저장하는 능력이 뛰어나고 높은 온도에도 잘 견디는 독특한 성질이 있어요. 그래서 휴대전화는 물론 컴퓨터, 자동차나 비행기의 전자 장치, 발전기 터빈 등을 만드는 데 사용되죠. 세계적으로 수요가 빠르게 늘어나고 있는 것들입니다.

콜탄을 세계에서 가장 많이 생산하는 나라는 아프리카 중부 적도 인근의 콩고민주공화국이에요. 전 세계 생산량의 40% 이상을 차지한다고 하죠. 그런데 이 지역 열대우림은 아주 울창해서 남미 아마존, 동남아시아 일대와 함께 세계 3대 열대우림으로 꼽혀요. 공교롭게도 콜탄이 가장 많이 묻혀 있는 곳이 이 열대우림 지역입니다. 콜탄 수요가 늘면서 광산 개발 바람이 불어 이 열대우림이 급속히 파괴되고 있죠. 또 다른 문제도 있어요. 이곳은 지구상에 얼마 남지 않은 고릴라의 야생 서식지입니다. 광산 개발로 삶의 터전이 망가지니 고릴라를 비롯한 여러 동물 또한 빠르게 줄어들고 있죠. 동물보호단체에 따르면 1995년 1만 7000마리에 이르던 이 지역 고릴라가 2016년엔 3800마리로 줄었다고 합니다.

또 콩고는 자원을 둘러싼 다툼과 종족 갈등 등이 겹쳐져 오랫동안 내전으로 고통받아 온 국가입니다. 누적 사망자가 무려 540만 명으로 추정될 정도로 그 피해가 어마어마해요. 그런데 정부군과 반군은 콜탄 수출로 벌어들인 막대한 돈의 일부를 무기 구입 등에 필요한 전쟁자금으로 쓰고 있습니다. 자연이 선사한 고마운 자원이 사람들을 행복하게 해주기는커녕 참혹한 비극으로 내몰고 있는 것이죠. '자원의 저주'가 아닐 수 없습니다.

게다가 반군들은 이곳 원주민을 광산 개발을 위한 강제노동에 동원하고 있습니다. 원주민은 안전시설이나 보호장비도 갖추지 못한 채 가혹한 노동에 내몰리고 있죠. 수많은 사람이 죽고 다칩니다. 콩고 내전은 공식적으로 2003년에 막을 내렸지만 분쟁은 지금도 끊이지 않고 있습니다. 이것이 휴대전화 생산을 위한 자원 추출 과정에서 벌어지는 일이에요.

가장 위험한 쓰레기, 전자쓰레기

휴대전화를 사용하다가 버리면 어떻게 될까요? 버려진 갖가지 전기·전자 제품과 기기를 뭉뚱그려 전자쓰레기라고 합니다. 과학 기술의 발전, 그 가운데서도 디지털 정보통신 기술의 눈부신 발달과 맞물려 전자쓰레기는 오늘날 가장 빠르게 늘어나는 쓰레기로 손꼽힙니다. 휴대전화와 노트북 컴퓨터, 데스크톱 컴퓨터 등이 큰 비중을 차지하죠. 유엔훈련연구기구UNITAR가 발간한 2022년 보고서에 따르면, 2019년에 발생한 전 세계 전자쓰레기는 5360만 톤에 달하며 2050년엔 1억 1000만 톤에 이를 거라고 합니다. 이 가운데 재활용되는 물품은 17% 정도고, 나머지는 매립이나 소각 등의 방법으로 그냥 버려집니다. 휴대전화만 따로 보면 2022년 한 해에만 세계적으로 160억 대의 휴대전화가 판매되었고 53억 대가 버려졌다고 해요.

전자쓰레기는 수출이라는 명목 아래 국제적으로 거래되는 양이 많기로도 악명이 높습니다. 전 세계 전자쓰레기 가운데 약 80%가 미국과 일본, 유럽 등 선진 산업국에서 아시아와 아프리카의 여러 개발도상국(이하 개도국)으로 수출됩니다. 우리나라도 전자쓰레기를 많이 수출하는 나라 가운데 하나죠. 선진 산업국이 전자쓰레기를 다른 나라로 보내는 이유는 단순해요. 자기 나라 안에서는 쓰레기 처리와 관련한 환경 규제가 까다롭고 비용 또한 많이 들기 때문이에요. 반면에 가난한 개도국은 환경이나 노동 등과 관련한 규제가 느슨한 데다 일자리를 원하는 사람이 많아서 값싸게 전자쓰레기를 처리할 수 있지요.

유해 폐기물의 국가 간 이동을 금지하는 국제협약이 있긴 합니다. 1992년부터 발효된 바젤협약인데, 실질적 효력은 떨어집니다. 특히 전자쓰레기가 그래요. 서류 조작 등의 교묘한 수법을 써서 재활용 중고품이나 구호품 등으로 둔갑시켜서 수출하는 경우가 많거든요.

개도국은 수입한 전자쓰레기에서 최대한 많은 경제적 이득을 얻으려고 합니다. 그러려면 전자제품에 들어 있는 돈이 되는 금속자원들, 예컨대 금, 은, 구리, 주석, 니켈 등을 최대한 많이 뽑아내야 하죠. 그런데 전자쓰레기 안에는 자연과 사람 건강에 치명적 피해를 주는 독성물질이 많이 들었어요. 납, 수은, 카드뮴 같은 중금속 물질이 대표적이에요. 이런 중금속은 사람 뇌와 신경계를 망가뜨리고 암을 비롯한 여러 질병을 일으키는 것으로 알려져 있어요. 이런 상황에서 전자쓰레기 안의 금속자원을 뽑아내는 작업 과정과 방식이 대단히 위험하다는 것도 큰 문제입니다.

보통 개도국의 가난한 노동자들은 망치 같은 단순한 도구 하나만 가지고 전자제품을 부수고 부품을 분해합니다. 장갑, 마스크,

많은 전자 쓰레기가 개도국으로 수출되어 불법 처리장으로 보내진다. 전자 쓰레기를 원료로 분리하는 과정은 매우 어렵고 위험하다.

안경, 작업복 등 안전을 위한 최소한의 보호장비도 없이 쓰레기 더미 속으로 직접 맨손을 넣어 일하기 일쑤죠. 전자제품에 들어 있는 해로운 물질들에 고스란히 노출될 수밖에 없습니다. 전선이나 전자제품을 태울 때도 유독한 연기와 재, 독성 화학물질이 대량으로 배출됩니다. 이것은 사람 건강을 해치는 건 물론이고 땅과 공기, 강물을 크게 오염시키죠. 전자쓰레기가 짭짤한 돈벌이 수단이 되는 것은 이런 과정을 거쳐서입니다. 오늘날 전자쓰레기는 가장 빠르게 늘어날 뿐만 아니라 가장 위험한 쓰레기이기도 합니다.

휴대전화에 담긴 세상

휴대전화를 비롯한 전자쓰레기 문제에는 골치 아픈 쓰레기를 값싸고 손쉽게 개도국으로 떠넘기려는 선진국의 업자들과 정부, 돈벌이에 눈먼 개도국의 수입업자와 처리업자 및 이들을 눈감아 주면서 뒷돈을 챙기는 부패한 관리들, 푼돈이나마 벌려고 애타게 일자리를 찾는 개도국 주민들이 복합적으로 얽혀 있습니다. 경제적 이익을 좇는 물고 물리는 관계 속에서 자연과 사람이 함께 망가지고 있는 것이죠.

정보화 시대에 세계는 하나로 연결되었습니다. 이제 우리는 정보화 시대 소비문화의 산물인 전자쓰레기를 통해서도 서로 관계를 맺게 되었지요. 그 결과 물건의 일생을 이루는 모든 단계에서 세계화된 문제들을 맞닥뜨리고 있습니다. 오염의 세계화, 노동력 착취와 인권 파괴의 세계화, 불평등과 비참의 세계화 등이 그것입니다.

우리는 하루에도 수없이 휴대전화를 사용합니다. 그리고 평균 2년 9개월에 한 번꼴로 새것으로 교체하죠. 오늘날 휴대전화는 현대인의 필수품으로 자리 잡았습니다. 신체의 일부가 되었다고 해도 과언이 아니에요. 그 덕분에 우리는 이전에는 상상할 수도 없었던 편리하고 쾌적한 생활을 누리게 되었습니다. 생각해 볼 것은 내가 쓰는 휴대전화가 자연과 인간을 비롯한 이 세상 전체와 다양한 방식으로 연결돼 있다는 점이에요. 얼핏 나와 아무 관계도 없어 보이는, 저 머나먼 아프리카 밀림에서 살아가는 고릴라와도 말입니다.

그렇습니다. 내가 휴대전화를 사용하고 버리고 교체할 때마다 지구 어딘가의 자연이 훼손되고 있습니다. 누군가의 노동력이 착취당하고 또 누군가의 건강이 망가지고 있습니다. 일상의 소비 행위는 사소한 것처럼 보이지만 그 의미의 무게는 결코 가볍지 않아요.

플라스틱 천국에서
플라스틱 지옥으로

이제 플라스틱 이야기를 해볼게요. 플라스틱은 석유로 만드는 화학제품이에요. 흥미롭게도 1860년대 미국에서 값싼 당구공을 개발하는 과정에서 첫선을 보였지요. 그 이전엔 값비싼 코끼리 상아로 당구공을 만들었어요. 하지만 플라스틱이 지금과 같이 대량 생산되고 대중적으로 사용되기 시작한 것은 80년 정도밖에 되지 않았습니다.

짧은 기간에 플라스틱 사용이 폭발적으로 늘어난 이유는 뭘까요? 수많은 장점과 매력을 지니고 있어서죠. 플라스틱은 가볍고 튼튼합니다. 값도 싸고, 어떤 색도 다 낼 수 있고, 유연하고, 냄새도 나지 않아요. 물에 젖지도 않고, 썩거나 녹슬지도 않습니다. 특히 어떤 모양으로도 원하는 물건을 다 만들어낼 수 있어요. 그래서 플라스틱은 한때 '마법의 물질'이라 불리기도 했습니다. 인류는 플라스틱이 지닌 다양하고도 효율적인 쓰임새, 그리고 그것이 안겨주는 편리함과 안락함에 열광했어요. 이것은 플라스틱의 대량생산-

대량소비-대량폐기로 이어졌고, 그 결과 지금은 플라스틱이 온 지구를 뒤덮게 되었습니다. 썩지도 않는 수많은 플라스틱 제품과 그 쓰레기가 땅이든 바다든 가리지 않고 넘쳐나면서 이 지구를 병들게 하고 있어요.

플라스틱은 썩어서 분해되기까지 종류에 따라 수십 년에서 수백 년이 걸립니다. 소각하면 발암물질로 악명 높은 다이옥신을 비롯해 다양한 유해물질이 배출되죠. 열을 가하면 해로운 환경호르몬이 나옵니다. 생산하는 과정에서 배출되는 이산화탄소의 양도 만만치 않아요. 환경오염의 '압축판'인 셈이지요. 경제협력개발기구OECD가 2022년에 발표한 보고서에 따르면 전 세계 플라스틱 쓰레기 가운데 재활용된 것은 9%에 불과했습니다. 50%는 매립되었고, 19%는 소각되고, 나머지 22%는 방치되거나 불법적으로 처리되어 땅과 바다에 그냥 버려졌습니다.

플라스틱으로 이루어지거나 플라스틱이 포함된 물질의 종류가 매우 다양하다는 것도 골치 아픈 점이에요. 비닐, 랩, 나일론, 스티로폼 등이 플라스틱이라는 건 많은 사람이 압니다. 이에 견주어 물티슈, 담배꽁초, 종이 티백 등도 플라스틱이라는 건 모르는 이들이 적지 않죠. 이것들도 모두 플라스틱 물질입니다. 더 정확히 말하면 미세플라스틱 덩어리죠.

하수처리시설에 고장을 일으키는 가장 큰 원인 물질이 물티슈

우리가 편리하게 사용한 플라스틱 물품은 거대한 쓰레기 더미가 되었다.

예요. 플라스틱이어서 물에 녹지 않는 물티슈를 변기 등에 아무렇게나 버리는 이들이 많아서죠. 담배꽁초 문제도 심각해요. 우리나라에서 생산되는 담배의 7%가, 개수로 치면 하루 평균 1200만 개의 담배꽁초가 흡연 뒤 그냥 길에 버려진다고 합니다. 이것이 도로의 하수도 시설 등으로 유입돼 바다로 흘러가게 됩니다. 앞서 말했듯이 합성섬유로 만든 옷을 세탁할 때도 대량의 미세플라스틱이 발생합니다. 이 또한 세탁한 뒤 버리는 물과 함께 하수처리장으로 흘러가겠죠.

세계에서 가장 큰 쓰레기장이라 불리는 태평양의 '플라스틱섬'은 이렇게 해서 생겨났습니다. 플라스틱섬은 진짜 섬은 아니고 북태평양에 남한 면적의 16배 크기로 펼쳐진 거대한 쓰레기 지대를 일컫는 말이에요. 쓰레기가 잘게 부서지기도 하고 플랑크톤 등과 뒤섞이기도 해서 묽은 죽 같은 형태를 띠고 있지요. 바다를 떠다니는 쓰레기들이 해류의 영향으로 한데 모여 만들어진 것이죠. 여기 쓰레기의 90%가 플라스틱 물질이어서 '플라스틱섬'이란 이름이 붙었습니다.

플라스틱섬은 사람 흔적 하나 찾아볼 수 없는 망망대해에 인간 문명의 발자국이 거대하게 찍혀 있음을 보여주는 바다 생태계 파괴의 현장입니다. 플라스틱 쓰레기는 바다만 망가뜨리는 데서 그치지 않아요. 물고기를 비롯한 수많은 바다 생물의 몸속으로 들어가 이들을 해치고, 나아가 그 물고기 등을 먹는 사람들 식탁에 오르기도 해요. 마구 소비할 때는 '플라스틱 천국'이지만 부메랑처럼 돌아오는 것은 '플라스틱 지옥'입니다.

성공이 실패로 뒤바뀐 과학기술의 역설

플라스틱은 현대 과학기술이 어떤 문제를 안고 있는지도 전해 줍니다. 플라스틱은 과학기술 발전의 산물이에요. 생물학적으로 분해되지 않는 물질을 개발하겠다는 과학기술의 애초 목적을 훌륭하게 성취한 결과가 플라스틱 쓰레기라는 생태적 재앙으로 돌아온 것이죠. 목적의 성취, 곧 성공이 실패로 뒤바뀐 셈이에요. 살충제도 마찬가지입니다. 농사를 망치는 해충을 없앨 수 있는 살충제를 개발한 것은 과학기술의 빛나는 성과입니다. 하지만 살충제는 수많은 사람의 건강과 자연 생태계에 심각한 해악을 끼칩니다. 살충제의 대명사 격이었던 DDT는 이미 1970년대에 사용이 금지됐어요.

이처럼 현대 과학기술은 하나의 문제를 해결하면서 또 다른 문제를 일으킬 때도 많습니다. 이때 새로 생긴 문제가 그 이전의 문제를 해결함으로써 얻은 이득이나 혜택보다 더 큰 폐해를 낳기도 하죠. 성공이 실패로 귀결되는 당혹스러운 역설, 현대 과학기술이 안고 있는 중대한 문제 중 하나입니다.

현대 산업 문명을 화석연료 문명 또는 석유 문명이라고 부릅니다. 석유를 비롯한 화석연료가 가장 중요한 에너지원이어서죠. 이 문명을 주름잡았던 '플라스틱 제국'의 위용은 실로 대단했습니다. 주변 물건 중에서 어떤 형태나 방식으로든 플라스틱이 쓰이지 않은 것을 찾기 어려울 만큼 온 세상과 우리 삶의 구석구석을 속속들이 지배했지요. 그렇지만 석유의 산물인 플라스틱이 일으키는 생태 재앙이 날로 깊어가고 있습니다. 석유를 비롯한 화석연료가 일으키는 기후위기 또한 갈수록 심각해지고 있고요.

소비는 시대의 변천과 발걸음을 함께합니다. 한 시대를 열기도 하고 닫기도 합니다. 플라스틱은 현대 소비사회의 문을 활짝 여는 기폭제 구실을 했어요. 하지만 플라스틱의 운명은 화석연료의 운명과 동일할 거예요. 기후위기, 생태위기, 에너지 위기 등이 동시에 깊어지면서 화석연료 문명이 저물어간다면 저 거대한 플라스틱 제국 또한 같은 길을 가게 될 것입니다.

나의 소비는 세계 전체와 연결되어 있다

소비는 우리의 욕구와 필요를 채워줍니다. 편리와 안락, 만족감과 행복감 등을 제공해 주죠. 하지만 소비를 둘러싼 물건의 일생을 살펴보면 소비가 막대한 자원과 에너지를 소모하고 자연 생태계를 심각하게 파괴하며 수많은 사람을 고통에 빠뜨린 결과로서 이루어진다는 것을 알 수 있습니다. 그래서 뭔가를 소비할 때 다음과 같은 것을 생각해 볼 필요가 있어요.

◆ 이 물건은 어떤 원재료를 사용하는가?

◆ 이 원재료는 어디서 어떻게 구하는가?

◆ 이 물건을 만들고 사용하는 데 에너지와 자원을 얼마나 소모하는가?

◆ 생산 과정에서 어떤 쓰레기와 오염물질이 얼마나 나오는가?

◆ 임금, 복지, 인권 등 노동자들의 대우와 작업 환경은 어떠한가?

◆ 생산 현지의 지역사회엔 어떤 영향을 미치는가?

◆ 유통 과정에서 발생하는 에너지 및 자원 소모와 환경오염은 어떠한가?

◆ 이 물건은 얼마나 오래가는가?

◆ 수리나 수선, 재활용은 얼마나 쉬운가?

◆ 쓰레기로 버려진 뒤에는 자연과 사람에게 어떤 영향을 미치는가?

이런 불만 섞인 반문이 나올 듯합니다. 사소한 물건 하나 사용하면서 그렇게 거창하고 골치 아픈 생각을 꼭 해야 하나요? 너무 피곤해서 어떻게 살아요?

맞습니다. 달랑 티셔츠 한번 입고 휴대전화 한번 쓰면서 지구와 자연의 운명을 걱정하고 먼 나라 노동자의 삶을 떠올린다는 건 쉬운 일이 아닙니다. 하지만 앞선 이야기들이 전해 주듯이, 우리가 일상에서 행하는 수많은 소비가 일으키는 문제들이 정말 너무도 심각합니다. 나 한 사람의 소비만 떼놓고 보면 별거 아닌 것처럼 보이죠. 하지만 나를 포함해 많은 사람의 소비가 쌓인다면, 나아가 세계 사람 모두의 소비를 합친다면 그 영향이나 결과가 엄청나게 크리라는 건 두말할 필요도 없겠죠?

소비는 이 세계를 들여다보게 해주는 '창'窓입니다. 현대문명의 압축판이자 우리 삶의 거울이에요. 사람과 자연과 사회를 연결해 주는 매개체이기도 하고요. 소비를 둘러싼 이야기는 개인 차원의 돈 씀씀이나 일상 습관에 관한 것쯤으로 국한되지 않습니다. 환경, 경제, 정치, 에너지, 기후, 민주주의, 불평등, 문화 등을 비롯한

욕구와 필요 충족의 소비를 넘어서기 위한 노력이 필요하다.

수많은 문제가 촘촘하게, 그리고 복합적으로 뒤얽혀 있습니다. 소비를 보면 이 세상의 실체가 보이고 우리 삶의 진상이 드러납니다. 요컨대 나의 소비는 세계 전체와 연결돼 있습니다. '소비'를 공부해야 할 가장 큰 이유입니다.

★ 함께 생각해요!

1 나의 소비는 세계 전체에 영향을 미칩니다. 어떤 영향을 어떤 방식으로 미칠까요?

2 내가 쓰는 물건이 내 손에 들어오기까지 어떤 과정을 거쳤을까요? 생산 단계뿐만 아니라 원료 확보나 유통 단계 등에서도 어떤 일이 벌어지는지 알아볼 필요가 있습니다.

3 현대 산업 문명을 '석유 문명'이라 부르기도 합니다. 석유로 만든 플라스틱은 석유 문명의 핵심적인 상징 가운데 하나죠. 석유 문명이란 무엇이며, 주요 특성으로는 어떤 게 있을까요?

4 전자쓰레기와 플라스틱 쓰레기는 선진 산업국에서 개발도상국으로 옮겨져 처리될 때가 많습니다. 이 쓰레기는 개발도상국에서 어떤 문제를 일으킬까요?

5 현대 과학기술에는 빛과 그늘이 동시에 있습니다. 현대 과학기술의 성과라 여겨졌던 것이 예상치 못한 폐해를 일으킨 또 다른 보기로는 어떤 것이 있을까요?

2장
현대인에게
소비란 무엇인가

RECEIPT

——————— .... ₩ ———
——————— .... ₩ ———
——————— .... ₩ ———
——————— .... ₩ ———
——————— .... ₩ ———
——————— .... ₩ ———

TOTAL .... ₩ ———————

THANK YOU

'호모 콘수무스'의 탄생

21세기의 막이 오르기 시작하던 2001년 9월 11일, 미국 심장부인 뉴욕 한복판에서 영화에서나 볼 법한 충격적 테러 사건이 발생했습니다. 뉴욕에는 미국의 힘과 번영을 상징하는 세계무역센터 WTC 건물이 있습니다. 두 채로 이루어진 110층짜리 거대한 쌍둥이 빌딩이죠. 그런데 비행기 두 대가 이 건물로 돌진해 충돌하면서 건물 전체가 무너져 내렸습니다. 미국 수도 워싱턴 인근에 있는 미국 국방성(우리나라의 국방부) 건물 펜타곤도 비행기 공격을 받았지요.

'9·11 테러'는 알카에다라 불리는 극단적인 이슬람 국제 테러 조직이 여러 대의 비행기를 공중에서 납치해 저지른 동시다발 자살 테러 사건이었습니다. 2996명이 사망했고, 부상자는 6000명이 넘었어요. 세계에서 가장 힘세고 부유한 나라인 미국 본토가 이런 식의 대규모 공격을 받은 건 이때가 처음입니다.

그런데 테러도 경악스러웠지만 테러 직후 당시 미국 대통령이던 조지 W. 부시라는 사람이 했던 말도 무척 충격적이었습니다.

49

그는 국민을 향해 집 밖으로 나가 나라를 위해 물건을 사는 데 돈을 쓰라고 했습니다. 수천 명이 목숨을 잃은 대참사 앞에서 '소비하라'고 외치는 대통령이라니! 물론 전혀 이해하지 못할 바는 아니에요. 좋게 해석하자면 빨리 충격에서 벗어나 일상을 회복하자는 뜻이었겠죠.

테러만큼이나 어처구니없는 이 이야기는 지금의 세상이 맹목적으로 소비를 숭배하는 '소비 중독 사회'임을 보여줍니다. 소비를 많이 하는 것이 정상적이고 바람직한 삶이며, 심지어 이것이 비극을 이겨내고 위기에 빠진 나라를 구하는 길이라는 것이죠. 소비가 행복과 번영으로 가는 지름길이라는 믿음이 깊이 뿌리내린 것이 오늘날 현실이에요. 소비가 너희를 구원하리라! 소비하는 자에게 천국의 문이 열리리라! 이것이 지금 세상의 으뜸가는 교리이자 신조라고 해도 지나친 말이 아닙니다.

이런 세상에서 살아가는 사람을 일컫는 말이 있습니다. '호모 콘수무스'Homo Consumus가 그것이에요. '소비하는 인간'이라는 뜻입니다. 현대인의 정체성은 소비에 있다는 얘기죠. 호모 콘수무스는 어떻게 탄생하게 됐을까요? 이들은 어떻게 살아가고 있을까요?

화석연료 없이는
이루어질 수 없는

먼저 '소비 천국'의 문이 활짝 열린 과정을 살펴볼게요. 여기선 쓰레기를 통해 알아보겠습니다. 소비의 산물이 쓰레기이므로 역으로 쓰레기의 변모 과정을 살펴보면 소비의 변천 과정을 쉽게 이해할 수 있으니까요.

20세기가 열리기 전만 해도 쓰레기 양은 얼마 되지 않았어요. 이것은 우리나라가 속한 동양 사회가 더 그랬지만 산업화를 먼저 이룩한 서구 사회도 크게 다르지 않았습니다. 남은 음식은 대개 가축의 먹이로 주었습니다. 사람과 가축의 배설물은 모두 거름이 되었고요. 부모의 옷을 조금 손질해서 자식들이 물려받아 입는 것도 예사였습니다. 웬만한 물건은 좀 낡았더라도 그것을 필요로 하는 이웃이나 주변 사람에게 주었어요. 물건이 낡거나 망가져도 어떻게든 고쳐서 계속 쓰려고 애썼습니다. 그러다 더는 쓸모를 찾을 수 없을 때 쓰레기로 버렸지요. 예전에는 무엇이든 함부로 버리지 않았습니다. 되도록 재활용하거나 새로운 쓸모를 찾았습니다. 끊임없이 다시 사용되면서 돌고 도는 게 옛날 물건의 일생이었죠.

이는 자연 생태계의 물질 흐름과 닮았습니다. 자연 생태계에서 생물의 배설물이나 그 생물의 사체는 그냥 쓸모없이 버려지지 않아요. 흙으로 돌아가 대지에 영양분을 제공합니다. 그럼으로써 수많은 생명이 살아가는 데 필요한 소중한 밑거름이 되죠. 즉, 한 부분에선 쓰레기인 것이 다른 부분에선 원료나 재료가 되는 것이 이런 시스템의 특성이에요. 이런 과정이 되풀이되면서 돌고 도는 것, 다시 말해 순환과 재생이 연속으로 이어지는 것이 예전의 물질 흐름 시스템이었어요.

자연을 망가뜨리는 물질 흐름

이것이 산업화 이후 어떻게 달라졌을까요? 순환의 질서가 깨졌습니다. 물질 흐름의 방식과 형태가 근본적으로 바뀌었어요. 산업화가 만들어낸 새로운 시스템에서 물질은 한 방향으로만 흐릅니다. 쓰레기로 버려진 것이 흙으로 돌아가는 것 자체는 예전 시스템과 같아요. 하지만 지금 시스템에서는 자연에 영양분을 공급해주지 못합니다. 버려지는 물건의 양 자체가 너무 많아서 자연에 큰 부담을 줄 뿐만 아니라 물건의 성분 자체도 바뀌었기 때문이에요.

썩지 않는 플라스틱을 비롯해 갖가지 독성 화학물질 성분이 대표적이죠. 이산화탄소 같은 온실가스, 핵발전소에서 나오는 핵폐기물과 방사성 물질 등도 이런 '나쁜 쓰레기'에 포함되고요.

자연을 살찌우고 기름지게 만드는 영양분이 아니라 자연을 망가뜨리고 죽이는 독성물질을 쏟아붓는 것이 오늘날 물질 흐름의 실체입니다. 오늘날 물질은 자연의 리듬에 따라 자연 속에서 둥글게 돌지 않아요. 인공적으로 만들어진 틀에 따라 일직선으로만 흐릅니다.

이런 중대한 변화가 일어난 결정적 분수령은 산업혁명입니다. 산업혁명이란 1760년대 영국에서 시작돼 그 뒤 약 100년간 유럽에서 진행된 획기적인 기술 혁신과, 이와 맞물려 이루어진 사회경제 전반의 전면적 변화를 말합니다. 핵심은 공장에서 기계를 사용해 물건을 대량으로, 그것도 아주 빠른 속도로 생산하는 공업화를 이룬 것입니다. 그 이전엔 대부분의 물건을 사람 손이나 소박한 도구를 이용해 만들었거든요.

대량생산, 대량소비 문화

대전환의 원동력이 된 것은 에너지원의 변화였어요. 산업혁명

화석연료 시대가 열리면서 대량생산, 대량소비가 시작되었다.

의 방아쇠가 된, 석탄을 연료로 사용하는 증기기관의 발명이 그 단적인 보기입니다. 이로써 인류 역사 처음으로 화석연료 시대가 열렸습니다. 석탄이 먼저 사용됐고 20세기 초반부터는 석유와 천연가스가 그 뒤를 이었지요. 그 이전에 에너지원으로 사용한 것은 기껏해야 인간의 근육과 가축의 힘, 나무 등이었습니다. 화석연료가 지닌 힘과 효율, 성능은 이런 것들과는 비교도 할 수 없을 만큼 뛰어나죠. 인류는 화석연료에 환호하며 빠져들 수밖에 없었습니다.

거대한 공장에 설치된 기계와 마법 같은 능력을 발휘하는 화석연료는 '환상의 짝짜꿍'을 이루었어요. 기계에 화석연료를 넣어주기만 하면 기계는 잠시도 쉬지 않고 눈부신 속도로 수많은 물건을 만들어냈습니다. 물건이 대량으로 쏟아져 나오자 사람들의 소비문화에도 큰 변화의 바람이 불었습니다. 산업혁명 이전 사람들의 소비 대상은 거의 전적으로 생필품에 국한되었어요. 귀족 같은 극소수 상류 계층이나 부자들을 제외한 대다수 사람은 생활에 꼭 필요한 물건을 소비하는 데 급급했지요.

하지만 이제 많은 사람이 기본적인 필요나 욕구 충족을 넘어 소비 자체가 안겨주는 즐거움을 맛보게 되었습니다. 그러면서 점차 소비를 통해 자신의 취향이나 개성, 독특한 선호 등을 드러내게 되었지요. 산업화와 근대화가 진행되면서 전반적으로 생활 수준이 높아지자 자신의 경제력을 뽐내는 수단으로 소비를 활용하는 일도 잦아졌고요.

    화석연료 중심의 새로운 에너지 체제가 현대문명의 핵심 '엔
진'으로 뿌리내리게 된 건 이런 과정을 거치면서였습니다. 이제 소
비를 비롯해 현대인의 삶은 화석연료 없이는 이루어질 수 없게 되
었습니다.

컨베이어 시스템에서 시작된
소비자본주의

대량생산과 대량소비 시스템의 약진에 날개를 달아준 또 하나의 중요한 사건이 있습니다. 포드주의Fordism라 불리는 새로운 생산체제의 등장이 그것이죠. 1920년대에 등장해서 그 뒤 널리 퍼졌어요. 이게 뭘까요?

포드주의는 애초 자동차 생산 공장의 컨베이어 시스템에서 비롯했습니다. 컨베이어 시스템conveyor system이란 한 지점에서 다른 지점으로 물건을 연속해 이동·운반하는 긴 띠 모양의 기계 장치를 가리키는 말입니다. 자동차를 훨씬 더 빠르고 많이 생산하는 데 딱들어맞도록 고안된 새로운 기술 방식의 산물로서, 대개 벨트나 체인 형태로 돼 있지요. 표준화되고 규격화된 부품 조립과정이 핵심이에요. 이것을 기반으로 자동차 생산 공정이 연속으로 이루어지도록 함으로써 동일한 제품을 효율적으로 대량생산하는 것이죠. 표준화나 규격화란 제품이나 자재의 종류, 품질, 모양, 크기 등을 일정한 기준에 따라 통일하는 것을 뜻하므로 대량생산의 전제 조건이라 할 수 있습니다.

이렇게 해서 생산이 폭발적으로 늘어나자 소비 또한 비약적으로 늘었어요. 이를테면 적어도 서구에서는 가난한 집에서도 전화, 라디오, 텔레비전 등을 소유하는 것이 보편적인 일이 됐습니다. 수많은 플라스틱 제품이 쏟아져 나와 소비 붐이 일었지요. 에너지와 물 사용량도 급격히 치솟았고요.

생산과 소비의 가파른 증가에 기초한 자본주의 시스템과 생활 문화는 서구를 넘어 전 세계로 빠르게 퍼져나갔고, 그 결과가 '소비자본주의' 시대의 본격적 개막입니다. 시점으로 보면 1950년대입니다. 소비자본주의의 확산과 번창은 인류에게 역사상 유례없는 물질의 풍요와 번영을 안겨주었습니다. 하지만 그 대가 또한 매우 컸어요. 지금 시점에서 볼 땐 이 점이 대단히 중요해요. 오늘날 우리가 겪는 극심한 생태위기와 지구 시스템 전반의 붕괴 사태가 이 시기에 본격적으로 시작됐기 때문입니다.

여러 지표가 이를 증명해 줍니다. 예컨대 1950년대 즈음부터 세계 인구가 급속히 늘기 시작했지요. 지구의 공기, 땅, 바다, 생명체 등에 큰 영향을 미치는 온실가스 배출, 방사성 물질 검출, 열대우림 훼손, 바다 산성화, 토지 개간, 대형 댐 건설, 공장식 축산 시스템 등이 이전과 확연히 구분되게 급격히 증가한 것도 이 시기부터예요. 많은 사람이 1950년대를 인류 역사에서 매우 특별한 시기

소비자본주의의 확산은 인류에게 유례없는 물질의 풍요와 번영을 가져다주었다.

로 주목하는 까닭이 여기에 있습니다. 눈여겨볼 것은 이런 거대한 변화가 소비자본주의의 본격적 전개와 깊이 맞물려 있다는 점이죠.

곡선이 자연의 질서라면 직선은 인공의 질서입니다. 직선의 속성은 순환과 재생이 아니에요. 단절과 폐기죠. 연결이 아니라 분리예요. 직선의 물질 흐름은 자연에 커다란 해악을 끼칠 수밖에 없습니다. 산업혁명 이후, 특히 1950년대를 거치면서 뿌리내린 소비자본주의의 새로운 사회경제 시스템 아래서는 이런 방식의 물질 흐름이 구조적이고 체계적으로 굳어졌습니다. 그것도 어마어마한 규모와 속도로 말이죠. 지금의 생태위기는 이런 물질 흐름이 오랫동안 쌓여온 결과입니다.

사고 또 사고,
버리고 또 버리고

소비자본주의의 맹렬한 진군은 소비가 미덕인 시대를 낳았습니다. 그 결과 물건을 되도록 빨리 버리고 새것을 사야, 그리고 이 과정이 끊임없이 되풀이되어야, 나아가 이렇게 소비하고 폐기하는 물건이 많아질수록 세상이 '진보'하고 '발전'하는 것처럼 여겨지게 되었습니다. 일회용품과 포장제품 확산, 플라스틱 제품 대중화, 기술과 디자인의 끊임없는 변화 등은 이런 흐름을 더욱 가속화하는 촉매제 구실을 했고요. 그 바람에 현대인들은 멀쩡한 물건도 한물가거나 쓸모가 다한 것으로 여기게 되었습니다. 물건을 사고 또 사고, 동시에 그것을 버리고 또 버리는 것이 일상사가 되었어요.

여기서 주의 깊게 살펴볼 것은 '유행'입니다. 현대인 대다수는 새로운 유행을 거부감 없이 받아들일 뿐 아니라 유행의 변화에 아주 민감하게 반응하죠. 그러지 않으면 뒤떨어지거나 고리타분한 사람으로 여겨지기 쉬우니까요. 유행에 뒤처진다 싶으면 불안감이나 조바심에 시달리기도 합니다. 유행 따라 새로운 것을 사느라 그동안 사용하던 것을 서슴없이 버리는 소비 습관이 드는 것은 그 자연스러운 결과죠. 오늘날 유행은 새로운 소비를 쉼 없이 만들어 냄으로써 자본주의의 유지와 번창에 톡톡히 기여하고 있습니다.

뒤쫓아가기와 도망가기

유행에 관한 이야기는 이 정도에서 끝나지 않습니다. 알다시피 유행이란 언어, 패션, 취미 따위의 생활양식이나 행동방식이 사회 구성원에게 일시적으로 널리 퍼지는 현상을 말해요. 여기서 생각해 볼 점이 있습니다. 사람은 서로 반대되는 것처럼 보이는 두 가지 욕망을 동시에 품고 있다는 사실이에요. 하나는 다른 사람들을 끝없이 모방하려는 욕망입니다. 다른 하나는 다른 사람들과 끝없이 달라지려는 욕망이죠. 희한하게도 사람들은 남들과 달라지는 것도 두려워하지만 동시에 자기만의 고유한 개성이나 취향을 잃어버리는 것도 싫어합니다. 유행은 이 모순과 역설의 산물이에요. 엇갈리는 이 두 가지 욕망이 맞부딪치고 합쳐져서 나타나는 것이 유행입니다.

전문가들은 이를 '뒤쫓아가기와 도망가기'chase & flight 라는 개념으로 설명하곤 합니다. 남들을 따라가기 위해 애쓰면서도 어느 순

유행은 소비자본주의가 끝없이 번창하는 비결이다.

간 여기서 벗어나려고 한다는 것이죠. 이것이 되풀이되는 가운데 유행 또한 탄생과 소멸을 반복합니다. 일정 시기 동안 아무리 크게 위세를 떨친 유행이라 해도 빨리 사라져야 새로운 유행이 등장할 수 있습니다. 재빠르고도 끊임없는 변신. 이것을 통해서만 유행은 살아남을 수 있고 계속 이어질 수 있습니다. 애당초 소멸이 탄생의 전제 조건인 셈이지요.

이렇듯 유행은 늘 새롭게 만들어지는 것이어서 유행에 뒤떨어지지 않으려는 마음에는 필연적으로 새로운 것에 대한 강박이나 집착이 담겨 있습니다. 하지만 유행을 따라 많은 사람이 이 새로운 것을 사면 이내 새로움은 사라지고 곧바로 낡고 흔한 것이 되어버립니다. 사람들은 다시 새로운 것을 찾고 그것은 또다시 낡은 것이 됩니다. 악순환의 연속이죠. 유행의 속성은 고약하고 심술궂습니다. 이것이 대다수 현대인이 소비의 쳇바퀴를 벗어나지 못하는 중요한 이유 중 하나예요. 소비자본주의가 끝없이 번창하는 비결 가운데 하나이기도 하고요.

이런 유행은 자연적으로 생겨날까요, 아니면 누군가가 인위적으로 만들어내서 퍼뜨리는 걸까요? 물건을 사는 건 소비자이므로 언뜻 유행도 소비자가 만들어낸다고 생각하기 쉽습니다. 물론 그럴 때도 있어요. 하지만 실제 대부분의 유행은 의도적으로 만들어지고 또 부추겨집니다. 기업으로선 물건을 최대한 빠르게 많이 팔아야 더 많은 이윤을 축적할 수 있으니까요. 이렇게 해서 무한 생산과 성장을 계속하는 것이 자본주의의 목적이니까요.

그러니 자본주의 입장에서는 유행의 주기가 짧을수록 유리하겠죠. 인기가 떨어진 기존 소비시장은 재빨리 뒤로 물리고 금세 새로운 소비시장을 펼쳐야 합니다. 그래서 기업들은 유행을 새로 만들어내고 자꾸 바꿀 뿐만 아니라 유행의 시작 시점이나 지속 시기 등도 자기들 이익에 맞게 조절하려고 갖은 애를 씁니다. 자본주의 사회경제 시스템에서 유행은 본질적으로 자본의 산물이라고 할 수 있어요.

소비하라, 왕이 되리라

소비자본주의 시대가 열리면서 소비의 이유도 크게 바뀌었어요. 옛날에는 삶의 기본 필요나 욕구를 충족시키는 것이 소비의 주된 이유였습니다. 하지만 요즘은 어떤가요? 음식을 먹는 것이 꼭 배가 고파서인가요? 그보다는 맛있고 색다른 음식을 먹거나 분위기 좋고 독특한 식당을 찾아가는 것이 더 중요하지 않나요? 옷을 입는 것이 꼭 몸을 가리거나 추위를 막기 위해서인가요? 그보다는 자신의 개성과 취향을 드러내거나 남들에게 자신을 좀 더 멋있게 보이도록 하는 게 더 중요하지 않나요?

현대인의 소비생활에서 단순한 물질적 필요만을 충족시키기 위한 소비의 비중은 그리 크지 않습니다. 요즘은 편리함, 효율성, 청결함, 쾌적함 등이 기존 물건을 버리고 새것을 사는 큰 이유죠. 특히 편리함이 효율성과 결합하면서 사람들이 일하는 데 쓰는 시간과 수고를 줄여주는 물건들이 큰 인기를 끌고 있습니다.

예를 들어볼까요? 오늘날 대부분의 가정은 세탁기, 냉장고, 진공청소기, 전자레인지 등을 빠짐없이 갖추고 있지요. 이런 물건들은 우리 생활을 아주 편리하고 안락하게 해주며 시간을 아껴줍니다. 심지어 청소기의 경우는 기계가 스스로 알아서 움직이며 청소를 대신해 주는 로봇청소기도 나왔지요. 이런 물건들 덕분에 특히 가사노동에 시달리던 여성은 고되고 지겨운 일에서 풀려날 수 있게 되었습니다. 옛날 같으면 하인을 거느린 부자의 전유물처럼 여겨졌던 '여유를 즐기는 생활'을 이젠 평범한 사람도 어렵잖게 누릴 수 있게 된 거예요. 이처럼 오늘날 소비는 물질적 필요의 만족 자체가 아니라 그 만족을 얼마나 빨리, 손쉽게, 쾌적하게 얻느냐 하는 것이 중요한 요소가 되었습니다.

소비가 주는 행복감

이처럼 소비가 물질의 충족 차원을 넘어서다 보니 이제는 소비가 자유, 해방, 행복 같은 것을 뜻하게 되었다는 사실이 중요합니다. 뭔가를 사면 자유를 누린다는 느낌이 들어요. 세상이 나를 중심으로 돌아가는 것 같죠. 왠지 새로운 힘이나 권력이 솟아나는 듯한 기분이 들기도 합니다. 사람들이 소비 중독에서 헤어나기 힘든 중요한 이유 중 또 한 가지를 여기서 찾을 수 있습니다. 난 하찮은 사람이 아니라 중요한 사람이야. 난 힘없는 사람이 아니라 힘센 사람이야. 소비는 사람들에게 이런 기분을 느끼게 해줍니다.

특히 요즘은 '고객은 왕이다'라는 말을 자주 하죠. 그래서 백화점 같은 델 가면 물건을 사러 온 고객, 곧 소비자를 왕처럼 모십니다. 물건을 많이 살수록, 또 비싼 물건을 살수록, 한마디로 돈을 많이 쓸수록 대접의 수준이 높아집니다. 종업원이 고객에게 굽실거리기도 하고 자질구레한 시중을 들기도 하면서 진짜 하인처럼 굴 때도 많지요. 이때 지갑을 쓱 꺼내 돈을 내는 소비자는 왕이나 귀족이라도 된 것 같은 우쭐한 기분을 맛봅니다. 게다가 성인이라면 누구나 가지고 다니는 신용카드는 지금 당장 주머니에 돈이 없더라도 원하는 걸 언제든 살 수 있게 해주는 마법을 부리기까지 합니다.

이제 현대인은 소비를 하면서 물질적 만족을 넘어 정신적 만족과 자아실현의 충족감마저 느낍니다. 소비를 많이 할수록 더 우월하고 특별한 사람이 된 듯한 기분이 듭니다. 소비하라! 그리하면 왕이 되리라! 소비자본주의가 끊임없이 속삭이는 목소리입니다. 수많은 사람이 이 감미로운 유혹에 넘어가죠. '소비왕국'은 이렇게 하루하루 자신의 영토를 넓혀 갑니다.

값비싼 '명품'을 구매하는 이유

이쯤에서 꼭 알아둬야 할 게 있습니다. '구별 짓기'와 '과시적 소비'가 그것이에요. 이 두 가지는 현대사회와 자본주의 소비문화를 얘기할 때 빠지지 않고 등장하는 중요한 개념입니다. 먼저 구별 짓기부터 살펴볼게요.

현대사회는 생활 수준이 전반적으로 높아지면서 많은 사람이 어슷비슷한 소비 행태나 생활양식을 보입니다. 소비도 '민주화'되어 소비에 따른 계급적 차이가 크게 줄어든 것처럼 여겨지곤 하죠. 계급 같은 동질적 집단성보다는 개인들로 분화된 다양성이나 개별성이 현대 소비문화의 더 중요한 특성이라는 주장도 자주 나오고요. 두루 틀린 얘기는 아닙니다.

하지만 과연 그렇기만 할까요? 현대사회의 소비에는 어쩌면 더 중요할지도 모를 다른 측면도 분명 존재합니다. 소비가 '계급적 구별 짓기'를 드러내는 중요한 표지라는 사실이 그것이죠. 소비는 계급적 차이와 이에 기초한 계급적 질서를 끊임없이 새롭게 만들어냅니다. 많은 사람이 상류층의 소비를 모방하려고 애씁니다. 하지만 상류층은 늘 새로운 계급 차이를 만들어내는 또 다른 소비를 하죠. 계급 차이를 확인하고 드러낼 수 있도록 더 비싸거나 더 희귀하거나 더 특별한 물건을 삽니다. 그렇게 함으로써 상류층은 극소수인 자기들만이 누리는 특권과 기득권, 사회적 지위와 명예 따위를 영원히 지키려고 합니다.

프랑스 사회학자 피에르 부르디외는 자본주의 소비문화의 권위 있는 연구자로 널리 알려진 사람입니다. 이 사람이 내놓은 중요한 개념 가운데 하나가 바로 이 '구별 짓기'예요. 이것을 제목으로 한 유명한 저서도 남겼고요. 그는 사람들의 취향이나 소비 행태, 나아가 삶의 방식 등을 계급의 영향력이라는 관점에서 분석했어요. 그에 따르면 문화는 계급에 따라 철저하게 차별적으로 나타납니다. 간단히 말해 나의 문화적 취향이 내가 속한 계급을 말해 준다는 것이죠.

그래서 물건 구매 패턴에서 드러나는 취향과 기호, 소비 성향과 행태, 나아가 생활양식 등은 얼핏 겉으로는 개인적인 것처럼 보이지만 사실은 계급 사이 구별 짓기의 일환이자 그 산물이라고 할 수 있습니다. 취향이 다르다는 건 계급 사이의 '수준'이 다르다는 것을 뜻하는 셈이지요. 부르디외의 견해에 따르면 취향은 태어날 때부터 천성으로 주어지는 게 아닙니다. 자기가 속한 계급에 따라 사회적으로 만들어지고 또 재생산되는 것이에요. 구별 짓기 개념은 현대사회의 소비를 더욱 예리한 눈으로 바라보게 해줍니다. 특히 자본주의 사회의 계급(성) 문제를 소비를 중심으로 한 문화의 프리즘으로 이해할 수 있는 안목을 제공해 줍니다.

과시하기 위해 산다

'과시적 소비'란 뭘까요? 이것은 물질적 필요를 충족시키기 위해서가 아니라 자신의 경제 능력과 사회 지위, 고급 취향을 남들에게 과시하려는 목적으로 소비하는 것을 가리키는 말입니다. 미국의 경제학자이자 사회학자인 소스타인 베블런이 처음 제시한 개념이에요. 대개 사람들은 남들로부터 부러움이나 존경을 받고 싶어 하죠. 이런 욕망이나 심리를 소비로 충족시키는 행위가 과시적 소비예요. 그래서 과시적 소비에서 물건의 물리적 쓸모나 기능적 가치는 그다지 중요하지 않아요. 다른 사람들 혹은 다른 계급과 자신을 차별화해서 남들에게 자기를 돋보이게 하는 것이 중요하지요. 엄청 비싼 '명품'을 사는 것이 과시적 소비의 대표 사례입니다. 물건이 아름다워서 가치 있는 게 아니라 값이 비싸서 아름답고 가치 있다는 베블런의 주장은 과시적 소비의 본질이 무엇인지를 꿰

과시적 소비의 대표적 예가 '명품' 구매일 것이다.

뚫고 있습니다.

베블런은 나아가 과시적 소비를 위해 자신의 소득 수준을 넘어서는 지출을 하는 사람이 많으며, 이는 모든 계층에서 벌어지는 일이라고 주장했습니다. 과시적 소비의 출발점은 대개 부유층입니다. 부유층이 새로운 소비 행태를 선보이면 중간층이 이것을 따라합니다. 빈곤층은 중간층을 따라 하죠. 유행이나 취향은 이런 식으로 사회 전체로 퍼져나갑니다. 과시적 소비가 부유한 소수 계층에 국한되지 않고 현대사회의 보편적 소비 현상으로 자리 잡게 된 건 이런 배경에서입니다.

구별 짓기와 과시적 소비라는 관점에서 우리 사회는 어떤 모습일까요? 우리 사회는 다른 나라와 비교할 때 이 둘 다 심하게 나타나는 편입니다. 경차나 소형차보다는 중대형 자동차를 선호한다든지, 아파트 평수를 어떤 사람의 경제력이나 사회적 지위를 판단하는 주요 근거로 삼는다든지, 꼭 그곳에 가고 싶어서가 아니라 남들에게 자랑하려고 유명한 외국 관광지를 여행하는 일 등이 그런 보기들이죠. 현대 자본주의 소비문화의 특성을 날카롭게 포착했다는 점에서 높은 평가를 받는 이 두 개념은 소비와 계급 사이의 관계를 잘 보여줍니다. 동시에 소비에 담긴 사람들의 내면적 욕망을 한번 더 곱씹어보게 해줍니다.

물건이 쌓여가도
소비는 줄어들지 않는다

소비는 단순하지 않습니다. 다양한 측면이 복합적이고 중층적으로 얽혀 있지요. 무엇보다 생태위기가 심각해지면서 소비가 일으키는 자연 파괴, 자원과 에너지 낭비 같은 환경적 측면이 갈수록 두드러지고 있습니다. 이는 이 지구의 안녕은 물론 우리 인류의 지속 가능한 삶과도 직결된다는 점에서 매우 중요해요. 나아가 현대인의 소비에는 상징, 이미지, 타인 혹은 다른 집단과의 차별화, 사회적 관계 맺기, 삶의 윤리 등과 같은 요소도 깊이 연관돼 있습니다.

이는 소비 대상 자체가 물건에 국한되지 않는다는 점에서도 엿볼 수 있습니다. 오늘날 사람들은 물건이 아닌 것들, 가령 지식, 스포츠, 공간, 문화예술, 경험 등을 갈수록 많이 소비합니다. 꼭 물질 소비가 아니더라도 이런 다방면에 걸친 소비 활동에서 많은 사람이 의미와 재미를 찾고 새로운 삶의 만족감과 즐거움을 느끼죠. 오늘날 소비는 물질적 사건인 동시에 비물질적 사건입니다. 경제적 행위인 동시에 사회적·문화적·정치적 행위예요. 개별적 행위인 동시에 세상 전체와 연결되는 공동체적 행위입니다.

문제는 이렇듯 소비의 동기, 목적, 대상, 성격 등이 변하기도 하고 확장되기도 하는 과정에서 갈수록 소비가 늘어난다는 점입니다. 소비가 물질적 필요나 욕구를 채우는 데서 그친다면 소비가 끝도 없이 늘어나긴 어려울 거예요. 하지만 비물질적 요소들은 이런 물질적 제한으로부터 자유롭습니다. 그러니 소비에서 비물질적 요소의 비중이 커질수록 전체 소비는 늘어날 수밖에 없습니다. 더 큰 주택과 자동차를 마련하고 집 안에 물건이 즐비하게 쌓여가도 소비가 줄어들지 않는 이유를 여기서 찾아볼 수 있습니다.

이렇게 해서 우리는 소비가 물질 영역과 비물질 영역을 가리지 않고 삶과 생활 전반을 지배하는 시대를 살게 되었습니다. 호모 콘수무스의 탄생은 그 필연적 귀결이에요.

★ 함께 생각해요!

1 산업혁명은 인류 역사에 엄청난 변화를 일으킨 일대 전환점이었습니다.
   그 변화의 주요 내용은 뭘까요?

2 소비자본주의의 등장과 세계적 확산은 소비의 역사에 새로운 장을
   열었습니다. 소비자본주의가 뿌리내리게 된 계기와 요인은 뭘까요?

3 대량생산, 대량소비 시대로 접어들면서 이전엔 부자들만 소유하던
   물건(전화기, 텔레비전, 냉장고 등)을 대다수 사람이 소유하게 되었습니다.
   이것을 소비와 소유의 '민주화'라고만 볼 수 있을까요?

4 소비자본주의 시대가 낳은 물질의 풍요와 번영은 우리에게 무엇을
   가져다주었을까요? 특히 지금 우리가 겪는 극심한 생태위기와는 어떤
   관계가 있을까요?

5 최근에 산 물건을 몇 가지 떠올려보세요. 그것들의 소비 이유나 동기는
   무엇이었나요? 특히 유행의 변화, 구별 짓기, 과시적 소비 등과 연관 지어서
   생각해 보세요.

3장
쉽게 사고
빨리 버린다!

RECEIPT

———————————————

——— .... ₩ ———
——— .... ₩ ———
——— .... ₩ ———
——— .... ₩ ———
——— .... ₩ ———
——— .... ₩ ———

TOTAL .... ₩ ———————

||||||||||||||||||||||||||||||||||||

THANK YOU

우리가 디지털 세계에 남기는 발자국

미국의 유명 일간지 〈뉴욕타임스〉가 보도한 사례로, 미국의 대형 마트 '타깃' 미니애폴리스점에서 실제로 일어난 일입니다.

한 남성이 얼굴을 붉으락푸르락하면서 마트에 들어서더니 대뜸 "매니저 나와!"라고 고함을 질렀습니다. 그의 손에는 이 마트가 자신의 딸에게 우편으로 보낸 아기 옷과 침대 등 유아용품 할인쿠폰이 들려 있었어요. 그는 "아직 고등학생인 내 딸에게 이런 쿠폰을 보내다니. 아이에게 임신하라고 부추기는 거냐"고 거칠게 따졌습니다. 무슨 영문인지 알 길이 없는 업무 책임자는 일단 사과한 뒤 남성을 진정시켜서 돌려보냈지요. 매니저는 며칠 뒤 한 번 더 사과하려고 그 남성에게 전화를 걸었습니다. 그런데 뜻밖의 반응에 깜짝 놀랐어요. 그 남성이 오히려 "내 딸이 임신했다는 사실을 뒤늦게 알았다"면서 사과를 했으니까요. 아직 미성년자인 딸이 부모가 모르는 사이에 임신했던 겁니다.

참 궁금합니다. 부모도 몰랐던 이 은밀한 사실을 대형 마트는 어떻게 알아냈을까요? 열쇠는 빅 데이터입니다. '빅 데이터'^{big data}란 디지털 환경에서 생성되는 거대한 규모의 정보를 일컫는 말이에요. 우리는 매일같이 컴퓨터, 스마트폰, 신용카드 등을 사용하죠. 이때마다 디지털 세계에는 그 '흔적'이 남습니다. 이것을 모아놓은 방대한 '정보의 바다'가 빅 데이터예요. 빅 데이터는 디지털로 연결된 전 세계의 모든 사물과 공간에서 생성될 수 있습니다. 이 빅 데이터를 가장 필요로 하는 곳이 기업입니다. 광고와 상품 판매에 요긴하게 써먹을 수 있으니까요.

대형 마트 타깃의 빅 데이터 전문가들은 정교하게 설계된 프로그램을 활용해 고객의 스물다섯 가지 구매 양상을 분석한 결과 여성의 임신과 출산을 상당히 정확하게 예측할 수 있었습니다. 향이 나는 로션을 사던 여성이 향 없는 로션으로 바꾸거나, 평소 사지 않던 미네랄 영양제를 갑자기 사들이는 경우 등이 그런 보기였다죠. 이 대형 마트는 이런 정보를 고객 데이터베이스에 적용해 임신했을 것으로 추정되는 여성을 전국적으로 수만 명이나 추려냈습니다. 그러고선 이들에게 임신 관련 물품을 광고하는 할인쿠폰을 보낸 것이죠.

첨단 정보화 시대를 맞아 이제 기업들은 사람들의 머릿속과 마음속까지 들여다보고 있습니다. 우리가 일상에서 디지털 세계에 남기는 '발자국'을 치밀하게 추적해 우리가 좋아하는 것, 원하는

디지털 세계에 매일 나의 '빅 데이터'가 쌓여간다.

것, 관심을 기울이는 것, 필요로 하는 것 등이 무엇인지를 알아내고 있어요. 실제로 사람들의 나이, 성별, 소득, 직업, 질병, 거주지, 가족 규모, 교육 수준, 물건 구매 습관이나 스타일, 평소 활동 지역이나 이동 경로, 좋아하는 영화나 책 등이 정돈된 정보로 쌓인다고 상상해 보세요. 이런 정보를 고도로 발전한 기술과 정교한 시스템으로 분석하면 사람들을 한층 더 효과적으로 유인할 수 있겠죠. 세상이 디지털 기술로 뒤덮이고 우리 삶이 인터넷 네트워크에 더 깊숙이 엮일수록 기업의 '사냥감'이 될 위험 또한 커지고 있습니다.

결핍감을 불어넣어 소비를 부추기는 광고

이런 이야기는 기업들의 상품판매 전략, 곧 자본주의의 소비확대 전략이 기술 발전에 힘입어 어떻게 진화하고 있는지를 보여줍니다. 여기서 살펴볼 것이 광고의 힘이에요. 물건을 많이 팔려면 먼저 사람들의 소비 욕구를 자극해야 합니다. 그런데 이것만으론 부족해요. 물건에 관한 구체적 정보를 제공해야 합니다. 욕구를 충족시켜 줄 물건이 무엇인지, 그 물건이 얼마나 멋지고 훌륭한 것인지를 알려주는 동시에 그 물건을 사용하면 커다란 만족과 이득을 얻게 되리라는 걸 어떻게든 설득해야 하죠. 그래야 소비 욕구에 더 뜨거운 불을 질러서 실제 구매 행위로 연결할 수 있습니다. 이런 일을 해주는 것이 광고예요.

그래서 광고는 늘 사람들에게 결핍감 같은 걸 불어넣습니다. 뭔가를 가지지 않으면 불안하거나 언짢은 기분이지만 그 뭔가를 손에 넣으면 기쁘고 흡족할 것 같은 마음을 부추깁니다. 이미 누리고 있는 건 허접하게 보이게 하고 아직 가지지 않은 것은 멋지게 보이도록 만들죠. 결국 지갑을 열게 합니다. 광고를 '자본주의의 꽃'이라 부르는 까닭이죠. 실제로 자본주의 소비문화를 꽃피우는 데 가장 결정적 역할을 한 것이 광고입니다. 광고를 알면 소비를 더 깊이 이해할 수 있습니다.

눈길 닿는 곳마다
광고가 보인다

지금 당장 주위를 둘러보세요. 어떤 광고가 눈에 띄나요? 현대인은 태어나서부터 죽을 때까지, 1년 365일 아침에 눈뜰 때부터 밤에 잠들 때까지 내내 광고에 둘러싸여 지낸다고 해도 과언이 아니죠. 현대인의 필수품인 휴대전화를 사용하다 보면 시도 때도 없이 광고 메시지가 날아듭니다. 무슨 동영상이라도 보려고 하면 몇 초 이상은 의무적으로 광고부터 봐야 하고요. 페이스북, 인스타그램, 밴드, 카카오스토리 같은 사회관계망서비스SNS에도 광고가 지뢰밭처럼 널려 있습니다. 텔레비전을 볼 때도 별반 다르지 않아요. 길을 걷다가도, 버스나 지하철을 타서도 눈길이 닿는 곳마다 마주치는 건 광고 홍보물입니다. 가히 온 천지가 광고 홍수 상태입니다. 전 세계적으로 무기산업 다음으로 규모가 큰 것이 광고산업이라고 해요.

광고는 어떻게 해서 이토록 번창하게 됐을까요? 근대적 형태의 광고가 모습을 드러낸 것은 100년쯤 전입니다. 산업혁명을 계기로 상품 대량생산 시대가 열리자 기업들은 이 물건들을 빨리빨리 팔아 치워야 했습니다. 많은 사람에게 자신의 제품을 알리는 광고를 중시할 수밖에 없었어요. 여기에 큰 힘을 보탠 건 신문, 잡지, 텔레비전 같은 대중매체의 급속한 발달이었고요. 처음엔 신문의 비중이 컸습니다. 인쇄기술 발달에 힘입어 대중적으로 보급된 신문은 광고를 싣기에 적합했지요. 하지만 뒤이어 광고의 압도적 주역으로 등극한 것은 텔레비전이었습니다.

급속히 대중화된 텔레비전은 소비지상주의 대중문화를 날이면 날마다 24시간 내내 수많은 사람에게 퍼뜨렸습니다. 텔레비전은 상품 광고 자체가 많을 뿐더러 속성상 즉흥적 감각을 자극하는 프로그램도 많이 내보내죠. 특히 드라마나 영화 등을 보면 풍요롭고 행복하고 멋지게 보이는 장면이 대거 등장합니다. 화면엔 매력적인 동경의 대상이 무차별로 넘쳐납니다. 그것은 집이나 자동차나 옷 같은 물건일 수도 있고, 사람일 수도 있고, 여행이나 취미 같은 것일 수도 있고, 생활방식일 수도 있습니다. 자연스레 나도 저것을 갖고 싶다, 나도 저렇게 살고 싶다는 마음이 일어납니다. 이 모두 강렬한 소비 욕구를 불러일으킵니다. 텔레비전이 보여준 엄청난 광고의 힘은 경이로웠어요.

이런 모습을 전형적으로 보여주는 곳은 역시 세계 최고의 '소비 왕국'인 미국입니다. 1945년 제2차 세계대전이 끝난 뒤 미국은

광고의 발달은 소비 대중화 시대를 열었다.

승전국으로서 눈부신 경제발전과 물질의 풍요를 누렸습니다. 전쟁이 안겨주는 이득과 혜택을 가장 크게 누린 나라가 미국이에요. 미국의 이런 번영을 상징하는 것이 자동차와 텔레비전의 급속한 대중적 보급이고요.

미국 전역에 고속도로가 깔렸고, 거주지역이 교외로 확장됐습니다. 석유 또한 세계에서 가장 많이 생산했습니다. 자동차가 폭발적으로 늘어날 수 있는 조건이 마련됐을 뿐만 아니라 자동차 없이는 생활할 수 없는 환경이 만들어진 것이죠. 그 결과 거대한 쇼핑센터나 대형 마트 등에 자동차를 몰고 가서 산더미처럼 물건을 사서 싣고 오는 것이 전형적인 미국식 생활방식으로 굳어졌습니다. 이런 흐름의 끝차이자 불쏘시개 역할을 톡톡히 한 것이 바로 텔레비전을 무대 삼아 급성장한 광고입니다.

소비 대중화 시대는 이렇게 해서 활짝 열렸습니다. 노동자가 소비자로 변신할 수 있었던 건 자동차와 텔레비전을 소유하게 된 덕분이었어요. 이런 소비 대중화 열풍은 그 뒤 자본주의의 세계적 확산과 미국식 생활방식의 영향력 증대 등에 힘입어 지구 전역으로 퍼져나갔습니다.

그런데 뭔가를 끊임없이 많이 사려고 하는 욕구가 인간의 절대적 본성일까요? 그렇지 않습니다. 물론 전적으로 아니라고 하기는 어렵지만, 적어도 자본주의 시스템 아래서 그것은 체계적으로 만들어지고 또 길러집니다. '소비하는 인간', 나아가 '낭비하는 인간'은 광고, 그 광고를 만드는 기업, 이런 기업이 주인 노릇을 하는 자본주의 체제가 의도적이고 계획적으로 만들어낸 것이에요.

특정 브랜드나 제품에 대한 취향과 선호가 개인의 마음속에 자리 잡는 시점은 일곱 살 무렵이라는 많은 연구 결과가 있습니다. 더 이른 서너 살 시절에 그렇게 된다고 주장하는 사람들도 있고요. 엄마 뱃속 태아 시절 엄마가 먹은 음식이 평생의 식생활에 영향을 미친다는 연구 결과도 많습니다. 마케팅·브랜드 전문가 마틴 린드스트롬은 《누가 내 지갑을 조종하는가》(웅진지식하우스, 2012)에서 18개월밖에 안 된 아기들이 맥도날드 같은 브랜드를 인식한다는 놀라운 주장을 내놓기도 했죠. 어쨌든 어릴 때 사용한 브랜드나 제품을 성인이 되어서도 계속 사용할 가능성이 높다는 건 자연스러운 일입니다.

우리는 갓난아기 시절부터 광고의 무차별 융단폭격 속에서 살아갑니다. 자본주의는 그렇게 사람들을 충직한 소비자로 길들여

가죠. 기업이 생산하는 건 상품만이 아니에요. 소비자 또한 '생산'
합니다. 기업은 끊임없이 의도적이고 인위적으로 필요를 만들어내
고, 광고를 이용해 이에 따른 소비 욕구를 일으킵니다. 우리 일상
을 촘촘히 에워싸고 달콤한 '소비바이러스'를 모든 이에게 전염시
키는 자본주의 소비 문명의 초고속 열차가 광고입니다.

다이어트와
성형수술의 제국

　오늘날 광고는 단지 상품 자체만을 선전하지 않습니다. 특히 요즘 광고는 사회적 지위나 인간의 가치를 소비 능력과 연결 짓는 전략을 종종 사용합니다. 어떤 물건을 쓰느냐가 인간의 가치나 지위를 결정한다는 환상을 불어넣는다는 얘기죠. 그래서 광고는 물건의 기능이나 특징, 원료 등을 설명하기보다는 그 물건을 쓰는 이들이 어떤 종류의 사람인지를 알려주는 데 초점을 맞출 때가 많습니다. 대개는 날씬하고, 아름답고, 사랑받고, 행복하고, 여유를 즐기고, 남들에게 존경이나 부러움을 받는 사람들이죠. 광고는 이런 사람이 되고 싶다면 그 물건을 사서 쓰라는 강력한 메시지를 발신합니다.

　광고에서 '스타 마케팅'이 인기를 누리는 것도 이런 맥락에서입니다. 대중문화와 스포츠, 연예계 등 각 분야에서 스타 반열에 오른 유명인은 광고업계에서도 가장 '귀하신 몸'이에요. '셀럽'이라 불리기도 하는 이들은 꿈을 이룬 사람, 부와 명예를 모두 거머쥔

스타 마케팅, 나도 저것을 사용하고 싶다!

성공의 상징으로 여겨지죠. 이들은 선망의 대상이기도 하고 닮고 싶은 사람이기도 해요. 그래서 광고에서 이들이 특정 제품이나 브랜드를 사용하는 모습을 보면 소비자는 '나도 저것을 사용하고 싶다'는 욕구를 느끼기 쉽습니다. 스타와 내가 왠지 동일화되는 듯한 기분을 그렇게 맛보는 것이죠. 이런 점에서 오늘날 광고는 단순히 욕망뿐만 아니라 환상과 신화도 생산한다고 할 수 있습니다.

그러므로 어쩌면 내가 욕망하는 것의 실체는 진짜 내 욕망이 아니라 타인의 욕망인지도 모릅니다. 이는 프랑스 정신분석학자 자크 라캉의 주장이기도 해요. 실제로 나의 욕망은 순수하게 나에게서 말미암은 것이 아니라 '외부'에 의해 기획되고 설계될 때가 많습니다. 그리고 자본주의 소비사회에서 그 외부를 규정하는 것은 자본주의 이윤 논리죠.

'공포 마케팅'은 어떨까요? 누구나 두려움, 불안, 근심, 걱정 같은 걸 안고 삽니다. 건강, 노화, 죽음, 외모, 불의의 사고 등과 관련하여 특히 그렇지요. 기업은 사람의 이런 마음도 귀신같이 상품 판매 수단으로 활용합니다. 일부러 공포를 부추길 때도 많아요. 그 결과 시중에 갖가지 건강식품과 영양제, 건강 보조기구와 운동 기구, 헬스클럽 가입권, 성형수술, 미용 및 다이어트 제품, 건강이나 사고 관련 보험 상품 따위가 득시글거립니다. 특히 제약 기업들은 현대인의 '건강염려증'을 집중적으로 파고듭니다. 상업화된 수많은 병원 또한 약을 과잉 처방하거나 굳이 하지 않아도 될 값비싼 검사를 하도록 유도하는 경우가 많고요.

나아가 요즘은 '몸의 상품화' 현상이 두드러지게 나타나고 있습니다. 적지 않은 사람이 몸을 인위적으로 개조할 수 있고 또 개조해야 할 대상으로 여깁니다. 다이어트와 성형수술 열풍이 이를 잘 보여주죠. 그 바람에 멀쩡한 얼굴과 몸 부위를 뜯어고치는가 하면 정상적인 몸매인데도 살을 더 빼느라 건강을 망치기도 합니다. 우리나라는 특히 세계에서 성형수술을 가장 많이 하기로 유명합니다.

이런 흐름 속에서 대중매체가 광고와 드라마, 영화 등을 통해 보여주는 배우나 연예인의 환상적인(?), 하지만 사실은 비현실적인 몸매나 외모가 마치 모든 사람이 도달해야 할 일종의 표준 같은 것으로 군림하는 일도 벌어집니다. 그 영향으로 자기 몸을 긍정하고 사랑하기보다는 자기 몸에 불만이나 열등감을 느끼는 사람이 한둘이 아닙니다. 극단적으로는 자기혐오와 자기학대로 치닫기도 하고요. 성형수술을 할 때 많은 사람이 '유명인 누구누구의 코, 눈, 얼굴형 등으로 만들어 달라'는 주문을 한다고 해요. 자기만의 아름다움을 추구하는 듯하지만 실제로는 미의 기준이 획일화되고 표준화되어 도리어 개성은 사라지게 된 것이죠.

오늘날 외모는 취업, 결혼, 다른 사람과 관계 맺기, 사회적 성공이나 보상 등 여러 측면에서 자신의 가치를 높여주는 중요한 자산이자 경쟁력이 되었습니다. 우리 몸은 상품화되어 인위적인 관리와 변형과 비용 투자의 대상으로 여겨집니다. 외모와 몸매를 열심히 가꾸지 않으면 게으르거나 자기관리에 소홀한 사람, 심지어는 시대 흐름에 뒤떨어진 '후진' 사람으로 낙인찍히기도 해요. 그래서 요즘은 남녀를 막론하고 건강을 위해서라기보다 더 아름답고 매력적인 몸매를 갖추려고 헬스클럽이나 피트니스클럽 등에서 땀을

삘삘 흘립니다. 적잖은 돈과 시간을 투자하면서 말입니다.

이런 현실을 가장 크게 반기는 건 누구일까요? 바로 자본입니다. 새로운 이윤 창출 영역이 쑥쑥 확장되니까요. 아니, 정확하게 말하면 이런 현실을 만들어내는 것이 자본입니다. 오늘날 소비자본주의의 광고 전략은 공포와 아름다움도 팝니다. 육체도 상품화합니다. 그 와중에 사람의 몸마저 거대한 소비 시장으로 바뀌어 자본주의의 또 다른 먹잇감이 되고 있습니다.

에코백과 텀블러 사용보다
중요한 것

생태위기 시대를 맞아 환경 분야와 광고의 관계는 어떨까요? 최근 들어 이른바 '녹색 마케팅'이 성행하죠. '환경도 돈을 주고 사라'는 것이죠.

사회 전반적으로 환경의식이 높아지면서 시중엔 '친환경', '녹색', '그린', '생태', '자연', '유기농'organic, '탄소 저감'(저탄소) 등의 딱지가 붙은 제품이 속속 쏟아져 나오고 있습니다. 소비자는 이런 제품을 사용하면서 은근히 뿌듯한 자부심 같은 걸 느낍니다. '나도 녹색시민이야' 또는 '나도 지구를 살리는 일에 동참하고 있어' 하고 스스로 대견해하면서 말이에요. 한편 사람이란 때로 물질과는 거리가 먼 자연과의 친교, 내면의 만족, 영적인 평화 등을 갈망하는 존재이기도 해요. 이런 제품을 구입하는 데엔 이런 본능 같은 마음이 작용하기도 합니다.

자본주의는 사람들의 이런 마음 또한 공략 대상으로 삼습니다. 자연을 사랑하고 지구를 보호하려는 갸륵한 뜻마저 상품화하는 것이죠. 물론 지구에 도움이 되는 물건을 사는 건 좋은 일이에요. 적극 권장할 바람직한 일이죠. 하지만 이것이 환경의식이 있는 소비자에게 물건을 더 많이 팔아보려는 자본주의의 새로운 돈벌이 기회로 활용되기도 한다는 점 또한 잊지 말아야 합니다.

대표적으로 두 가지 사례만 살펴볼게요. 먼저 전기자동차(이하 전기차)입니다. 알다시피 전기차는 친환경 차량의 대표주자로 꼽히죠. 석유를 태워서 움직이는 기존 내연기관 차량과 달리 전기를 동력으로 해서 움직이므로 배기가스가 나오지 않으니까요. 적어도 자동차를 운행하는 중에는 온실가스를 비롯해 오염물질을 배출하지 않습니다. 에너지 효율도 내연기관 자동차에 견주어 두 배 이상 높다고 해요. 내연기관 자동차의 '심장'인 엔진이 없으므로 부품도 적게 듭니다. 대체로 내연기관 자동차의 30-40%라고 알려졌지요.

그렇지만 따져볼 대목이 있습니다. 크게 세 가지예요. 첫째, 전기차에 쓰이는 전기가 어디서 나오느냐입니다. 이 전기를 화석연료나 핵발전에 의존한다면 전기차 확산의 환경적 효과는 줄어들수밖에 없겠죠. 두말할 나위 없이 화석연료와 핵발전은 기후위기와 환경파괴의 주범이니까요. 둘째, 전기차에 부품이 적게 들어간다고 해도 자동차 생산 자체가 계속 늘어난다면 그만큼 자원과 에너지 소비가 늘어날 수밖에 없습니다. 셋째, 전기차 배터리 생산에 필요한 원료를 채굴하는 과정에서 발생하는 문제도 만만치 않아

전기 자동차 사용으로 기후위기를 극복할 수 있을까?

요. 예를 들어 리튬은 이것이 함유된 지하수를 뽑아 올린 뒤 수분을 증발시킨 추출물에서 얻습니다. 이 과정에서 자연 생태계가 망가지고 지하수 부족 사태가 일어나며 지역 주민의 생존권이 훼손됩니다. 이는 세계 리튬 매장량의 절반이 묻혀 있는 남미 대륙 안데스산맥 아래 아타카마사막 등지에서 실제로 벌어지고 있는 일이에요. 전기차 배터리의 또 다른 주요 원료인 코발트가 많이 생산되는 아프리카 콩고도 비슷한 처지에 놓였고요.

친환경 차량인 전기차 보급이 늘어나는 것은 꼭 필요한 일이고 거스르기 힘든 대세입니다. 하지만 자동차 중심의 기존 교통 및 이동 시스템은 그대로 두고 단순히 전기차만 늘어난다면 기후위기 극복이나 에너지 전환 등 여러 측면에서 그 효과나 의미는 줄어들 수밖에 없습니다. 교통 시스템과 정책, 사람들의 생활방식 등 여러 측면에서 개인 자동차 사용을 줄이고 대중교통 이용을 늘리는 것이 더 중요한 까닭입니다.

소비 자체를 줄여야 한다

요즘 유행하는 에코백이나 텀블러 등에 대해서도 한번 살펴볼까요? 에코백이란 일회용 봉투 사용을 줄이자는 환경보호 취지로 만든 친환경 가방이에요. 그런데 에코백이 너무 흔해지다 보니 쉽게 사고 쉽게 버리는 일이 자주 벌어집니다. 친환경 재료로 만들지 않은 '무늬'만 에코백인 제품이 등장하기도 하고요.

'리바운드 효과'rebound effect란 말이 있습니다. 리바운드란 공이 어딘가에 부딪힌 뒤 다시 튀어오르는 걸 뜻해요. 환경 분야에서 리바운드 효과는 환경을 위한다는 행동이 도리어 환경에 나쁜 영향을 끼치는 걸 가리킵니다. 환경을 위해 장만한 에코백, 텀블러, 종이빨대 등을 여러 번 사용하지 않고 그냥 방치하면 리바운드 효과가 발생하겠죠. 연구 결과에 따르면 종이봉투는 세 번 이상, 면 소재 에코백은 131번은 사용해야 환경보호 효과가 있다고 해요.

생태위기가 깊어가는 가운데 기업의 녹색 마케팅 전략은 자본주의 소비 시장의 또 다른 지평을 열고 있습니다. 전기차와 에코백은 물론 유기농 음식과 자연 먹거리, 친환경 패션, 에너지 절감 건축 등을 비롯해 수많은 분야에서 녹색 마케팅이 큰 인기를 끌고 있지요. 어쨌든 '녹색 제품' 소비가 늘어나는 건 바람직합니다. 하지만 더 중요한 일은 소비 자체를 줄이는 것, 한 물건을 되도록 오래 쓰는 것이에요. 이것이 핵심입니다. 한 가지 덧붙일 얘기는, 진짜로 환경을 생각해서라기보다는 나도 의식과 교양이 있는 사람이라는 걸 주변에 과시하려고 친환경 제품을 사는 경우도 적지 않다는 점입니다.

제조회사가 당신의 스마트폰을
일찍 '죽이는' 방법

광고만으로 소비를 무제한으로 계속되도록 만들 수 있을까요? 광고 공세를 퍼부어 아무리 물건을 많이 사게 만들더라도 한계가 있지 않을까요? 예컨대 사람들이 자동차, 냉장고, 세탁기 등을 무제한으로 사들일 순 없잖아요? 그렇다면 이런 물건의 소비가 끝없이 계속되게 하려면 어떻게 해야 할까요?

그렇습니다. 물건이 되도록 빨리 사라져주어야 합니다. 물건이 빠른 속도로 소비된 뒤 버려져야 새로운 것으로 교체할 필요가 생겨나겠죠. 그러자면 어떻게든 물건을 빨리 낡은 것, 한물간 것, 뒤떨어진 것, 망가진 것, 고장 난 것으로 만들어야 합니다. 이것이 광고 뺨치는 자본주의의 교활한 상품 판매 전략이에요. 이것을 일컫는 말이 '진부화'obsolescence 전략입니다. '구식화' 또는 '노후화'라는 말을 쓰기도 하죠. 말 그대로 물건을 낡고 진부한 구식으로 만든다는 뜻이에요. 어떤 용어를 쓰든 상관없습니다. 여기선 편의상 진부화라는 말을 쓰겠습니다. 이 문제를 깊이 파고든 프랑스 경제학자

세르주 라투슈에 따르면 진부화에는 크게 세 가지 종류가 있습니다.

첫 번째는 기술적 진부화입니다. 이것은 기술 개선과 진보에 따라 어떤 기계나 설비가 구식으로 전락하는 걸 말해요. 예를 들어 증기기관차가 등장하자 마차는 밀려날 수밖에 없었지요. 컴퓨터가 등장하자 타자기는 빠르게 사라졌고요.

두 번째는 심리적(상징적) 진부화입니다. 이것은 실질적 기술이나 기능의 발전이 아니라 광고나 유행, 취향 등에 따라 물건이 구식으로 바뀌는 걸 가리켜요. 이 경우에 이전 제품과 새 제품의 차이는 겉모습의 차이에 지나지 않을 때가 많습니다. 대개 디자인이나 색상 등의 변화에 그치며, 심지어는 포장만 살짝 달라질 때도 있지요.

가장 고약한 것은 세 번째의 계획적(의도적) 진부화입니다. 이것은 처음부터 일부러 물건 수명을 짧게 줄이거나 어떤 결함을 제품에 끼워 넣는 걸 뜻해요. 프린터를 만들 때 종이 인쇄 매수가 일정 분량을 넘으면 자동으로 작동을 멈추게 하는 마이크로칩을 삽입하거나, 제품 보증기간이 끝나자마자 고장이 나도록 기계를 설계하는 것 등이 그런 보기죠. 특히 컴퓨터, 휴대전화, 전자책 단말기, 태블릿 PC 등에 이 방법이 널리 사용된다고 해요. 실제로 멀쩡한 전자제품임에도 부품을 구할 수 없어서, 수리 작업 자체가 지나치게 까다로워서, 수리비용이 너무 많이 들어서, 제품 사용에 필요한 소프트웨어의 업그레이드가 되지 않아서 등과 같은 이유로 그냥 버려질 때가 많습니다.

이를 잘 보여주는 것이 세계적 환경단체인 그린피스가 2017년 상반기에 내놓은 보고서입니다. 그린피스는 전문가들과 함께 당시 2년 동안 판매된 가장 인기 있는 스마트폰, 노트북, 태블릿 PC 44개 제품을 뜯어보고 조사했습니다. 그랬더니 44개 제품 가운데 절반 이상이 액정화면과 배터리를 교체하기 어렵거나 아예 불가능하게 만들어진 것으로 밝혀졌습니다. 그린피스는 지나친 소비 조장과 자원 낭비가 제조회사들의 책임이라고 주장하면서 '제조회사가 당신의 스마트폰을 일찍 죽이는 방법'을 다섯 가지로 나누어 설명했어요.

첫째, 그들은 일부러 수리와 관리를 하기 어렵게 만들었습니다. 부품을 아예 보드 위에 납땜하는 방식 등을 사용했다고 해요. 둘째, 점점 더 망가지기 쉽게 만들었습니다. 유리로 만들어진 탓에 잘 부서지는 액정화면이 대표적이에요. 셋째, 배터리 교체가 더 어려워졌습니다. 조사한 제품의 70%가 접착제를 지나치게 많이 사용하거나 디자인 자체의 문제로 배터리 교체가 불가능하거나 아주 어려웠다고 합니다. 넷째, 일반적인 도구를 사용해서 스스로 수리할 수 있는 기기가 무척 드물었습니다. 다섯째, 수리에 필요한

새로 구입한 LCD TV 포장박스와 함께 버려진 브라운관 TV.

설명서와 교체용 부품을 거의 제공하지 않았습니다.

　여성이 애용하는 스타킹도 다르지 않습니다. 오래전에 기술자들이 만들어낸 나일론 스타킹은 매우 튼튼하고 질겼다고 해요. 자동차 한 대를 끌 수 있을 정도였다는 믿거나 말거나 식의 전설 같은 애기가 전해지기도 하죠. 그런데 그때 기술자들에게 돌아온 것이 칭찬이나 격려, 두둑한 포상금 같은 것이었을까요? 아닙니다. 외려 기업 경영진은 기술자들에게 '죽음의 유전자'를 스타킹에 삽입하라는 지시를 내렸어요. 스타킹이 빨리 망가지도록 만들라는 명령을 내린 것이죠. 올이 풀리지 않는 고품질 스타킹을 만드는 기술은 이미 1940년대에도 있었습니다. 하지만 지금도 여성들은 스타킹을 자주 사야 합니다.

쉽게 사고 빨리 버린다!

흔히 자본주의 경제 체제는 합리적 효율성을 추구한다고 얘기합니다. 그런데 계획적 진부화를 보면 사실은 그 반대라는 걸 알 수 있죠. 비효율성이란 나쁜 것이어서 어떻게든 없애거나 줄이는 게 정상입니다. 그런데 계획적 진부화는 일부러 비효율성을 만들어냅니다. 참 요상하고 기괴하죠. 하지만 이윤 극대화 차원에선 이것이 매우 효율적이고 합리적입니다.

이에 경제인류학자 제이슨 히켈은 《적을수록 풍요롭다》(창비, 2021)에서 계획적 진부화는 인간의 필요나 생태학적 관점에서 보면 '미친 짓'에 지나지 않는다고 비판합니다. 자원, 에너지, 인간의 노동 등을 헛되이 낭비하는 것이니 이런 비판은 과장이 아니에요. 밑 빠진 독에 물 붓기. 이런 '미친 짓'이 끊임없이 벌어지는 것이 우리가 살아가는 자본주의 세상의 민낯입니다.

하지만 이런 진부화 전략이 사회적으로 널리 받아들여졌다는 점을 기억해야 합니다. 그 결과 오늘날 많은 사람이 진부화를 어쩔 수 없는 것으로 여기거나 그냥 자연스럽게 수용하죠. 마치 본래 부터 그랬던 것처럼 말이에요. 그래서 어떤 물건에 문제가 생겨도 '그냥 새로 하나 사지 뭐' 같은 반응을 보일 때가 많습니다. 한마디로 물건을 오래 쓰기가 참 어렵습니다. 이에 더해 일회용품 범람은 단지 '빠르게'가 아니라 '즉시' 새로운 물건을 사는 소비문화를 퍼뜨리는 데 큰 역할을 했어요. 그 바람에 사람들 의식이나 취향, 사회 전체의 문화가 쉽게 사고 빨리 버리는 일회용 이데올로기에 깊이 젖어들게 되었습니다.

'빛의 속도'로 끝도 없이 쏟아져 나오는 상품들은 더 많은 소비가 인간의 행복이나 삶의 질을 결정하는 핵심 요소인 것처럼 보이게 만듭니다. 광고와 상품 진부화 전략은 어떻게든 물건을 많이 만들고 많이 팔아야 번창하는 자본주의가 우리를 공략하는 아주 성능 좋은 특별 병기들이죠. 그런데 그렇게 해서 이 세상과 우리 삶이 어떻게 되었나요? 세상은 더 살 만한 곳이 되었을까요? 우리 삶은 얼마나 더 나아졌을까요?

★함께 생각해요!

1 꼭 필요해서가 아니라 광고를 보고 갑자기 마음이 동해서 물건을 산 적이 있나요? 광고가 나에게 미치는 영향에 대해 생각해 봅시다.

2 소비 욕구는 인간의 본능이기도 하지만 인공의 산물이기도 합니다. 자본주의 시스템 아래서 소비 욕구는 어떻게 만들어질까요?

3 집에 텀블러나 에코백이 몇 개나 있는지, 이것들이 어떻게 사용되고 있는지 알아보세요. '녹색 소비'의 긍정적 측면과 부정적 측면을 함께 생각해 봅시다.

4 자본주의는 소비를 부추기려고 아주 다양한 광고 전략을 활용합니다. 어떤 것들이 있는지 알아보고, 그 각각의 효과가 어떻게 나타나는지 생각해 봅시다.

5 '진부화' 전략은 구체적으로 어떤 결과를 낳을까요? 많은 사람이 진부화 전략을 자연스럽게 받아들이는 이유는 뭘까요?

4장
경제성장이 멈추면
세상이 망할까?

RECEIPT

———————————————

▬▬▬▬ .... ₩ ▬▬▬
▬▬▬▬ .... ₩ ▬▬▬
▬▬▬▬ .... ₩ ▬▬▬
▬▬▬ .... ₩ ▬▬▬
▬▬▬▬ .... ₩ ▬▬▬
▬▬▬▬ .... ₩ ▬▬▬

TOTAL .... ₩ ▬▬▬▬▬

THANK YOU

지상낙원 몰디브의
빛과 그림자

몰디브는 인도양에 있는 섬나라입니다. 약 1200개의 산호섬으로 이루어진 이곳은 '지상낙원'으로 불립니다. 빼어난 자연 풍광과 호젓한 분위기가 잘 어우러진 세계 최고 휴양지 가운데 하나죠. 그런데 수많은 관광객이 찾는 이 나라엔 '더러운 비밀' 하나가 숨겨져 있습니다. 세계에서 가장 큰 인공 쓰레기 섬의 존재가 그것입니다.

수도 말레에서 서쪽으로 6킬로미터가량 떨어진 곳에 틸라푸시라는 섬이 있습니다. 이 섬은 넘쳐나는 쓰레기 문제로 오랫동안 골머리를 앓던 몰디브 정부가 지난 1990년대 초에 산호초 바다를 메워 만든 쓰레기 매립용 인공 섬이에요. 이 섬이 만들어진 뒤부터 몰디브에서 발생하는 거의 모든 쓰레기가 여기로 모이게 되었지요. 그 이전에는 섬 모래 밑에 쓰레기를 묻었다고 해요.

몰디브는 관광업으로 먹고사는 나라입니다. 세계 곳곳에서 찾아온 여행객들이 큰 수입을 안겨주지만 여행객에게 무조건 고맙

틸라푸시섬에서 외국인 노동자가 안전 장비도 없이 일하고 있다.

기만 한 건 아니에요. 이들이 버리고 가는 쓰레기가 너무 많아서죠. 틸라푸시에 버려지는 쓰레기 대부분도 관광객에게서 나온 것입니다. 일상생활에서 나오는 소소한 쓰레기만이 아니라 곳곳에서 실려 온 건축 폐기물과 폐건전지, 석면 등을 비롯해 독성물질을 잔뜩 품은 쓰레기도 하루가 다르게 쌓여가고 있다고 해요. 그 바람에 틸라푸시는 쓰레기가 산을 이루고 섬의 면적 또한 빠르게 커지고 있습니다.

아름답고 깨끗한 산호초 바다였던 틸라푸시는 악취가 진동하는 거대한 쓰레기장으로 바뀌고 말았습니다. 인근 바다도 쓰레기에서 흘러나온 유독한 오염물질로 심각하게 망가지고 있고요. 독성물질은 물고기 몸에도 쌓입니다. 그런 물고기가 다시 관광객과 이곳 주민의 식탁에 오르기도 하죠. 쓰레기 더미에서 생성된 메탄가스와 높은 열로 불이 나기도 합니다. 쓰레기를 태우면서 생기는 유독 가스도 골칫거리고요. 그 바람에 이곳에서 일하는 노동자와 인근 주민은 호흡기 질병 등으로 큰 고통을 당하고 있습니다. 최근 들어서야 겨우 소각로 건설 계획을 세우고 일회용 플라스틱을 단계적으로 금지하려는 등의 움직임을 보이고 있다고 합니다.

몰디브는 겉으로 보면 낭만으로 가득 찬 환상의 여행지죠. 하지만 그 화려한 껍데기를 들추어보면 거대한 인공 쓰레기 섬과 이로 인해 자연과 인간이 큰 고통을 당하는 모습이 감춰져 있습니다.

틸라푸시는 몰디브를 떠받치는 기둥이라고 할 수 있어요. 틸라푸시가 없다면 몰디브를 먹여 살리는 관광객들이 버리는 쓰레기를 처리할 방도가 없을 테니까요. 몰디브의 '빛'은 '어둠' 위에서만 존재할 수 있는 셈입니다.

결국 소비에서 비롯한 문제

쓰레기를 통해 몰디브를 들여다보니 몰디브의 실체가 드러납니다. 쓰레기는 소비의 산물이에요. 그러므로 틸라푸시가 보여주는 몰디브의 현실은 결국 소비 문제에서 온 것이라고 할 수 있지요. 실제로 현대인의 소비 품목에서 여행은 상당한 비중을 차지합니다.

소비는 몰디브의 또 다른 문제와도 연결됩니다. 몰디브는 전 국토의 약 80%가 해발(평균 해수면을 기준으로 하여 잰 어떤 지점의 높이) 1미터가 채 되지 않아요. 그래서 몰디브는 기후위기가 일으키는 해수면 상승으로 인해 최근 국토가 점점 바닷물에 잠기고 있습니다. 기후위기 또한 우리 인간이 석유를 비롯한 화석연료를 너무 많이 소비해서 빚어진 재난이죠. 요컨대 문제의 초점은 소비입니다.

이런 문제의식의 연장선에서 이제 우리는 이런 질문을 마주하
게 됩니다. 몰디브만 그럴까? 다른 곳은 어떨까? 세상 전체가 그런
건 아닐까?

무한 성장과 무한 소비의 올가미

기후위기 사태로 이 지구와 인류 전체가 커다란 시련을 겪고 있다는 것은 이제 우리 모두가 아는 사실이죠. 이런 생태위기가 발생하는 근본 원인은 뭘까요?

이는 1장 "나의 소비는 세계 전체와 연결되어 있다"에서 이야기한 내용을 떠올려보면 쉽게 이해할 수 있습니다. 환경 파괴나 오염은 크게 두 가지 상황에서 발생합니다. 하나는 인간이 자원과 에너지 등을 얻으려고 자연을 파헤치고 망가뜨릴 때고, 다른 하나는 인간이 쓰레기와 오염물질을 자연으로 배출할 때죠. 앞에서 언급했듯이 모든 물건은 일반적으로 추출·생산·유통·소비·폐기의 단계를 거칩니다. 그리고 이 모든 단계에서 빠짐없이 자원과 에너지가 사용되고 쓰레기와 오염물질이 배출되죠. 그러니 이렇게 결론 내릴 수 있습니다. 물건을 많이 생산하고, 유통하고, 소비하고, 폐기할수록 환경 파괴와 오염이 심해진다고 말입니다.

즉 생태위기의 근본 원인은 한마디로 대량생산·대량소비·대량폐기 시스템입니다. 자본주의 체제를 지탱하는 핵심 뼈대가 이것이죠. 많이 만들고, 많이 쓰고, 많이 버리는 경제. 더 큰 규모와 더 빠른 속도의 경제. 이것이 자본주의 경제의 본질이자 목표예요. 그래서 현대사회는 성장사회인 동시에 소비사회라고 할 수 있어요.

한 몸을 이룬 성장사회와 소비사회

성장사회란 양적인 경제성장을 맹목적으로 끝없이 추구하는 사회, 곧 성장제일주의 사회를 말합니다. 경제성장이 모든 것을 빨아들이는 사회. 성장이 경제와 삶의 가장 우선적인, 심지어 유일한 목표가 되어버린 사회. 이것이 성장사회입니다. 성장의 전제는 더 많은 생산이에요. 그러자면 소비를 무제한으로 부추겨야겠죠. 대량생산에는 대량소비가 반드시 뒤따라야 합니다. 그래야 만든 물건을 모두 처분할 수 있고, 자본주의의 주역인 기업이 더 많은 이윤을 축적할 수 있으니까요.

그 결과 탄생한 것이 소비사회입니다. 소비사회란 많이 가지고 많이 쓰고 많이 버리는 걸 떠받치는 소비지상주의 사회, 특히 경제와 산업이 고도로 발달하여 삶의 기본 필요 이상으로 소비가 이루어지는 사회를 가리킵니다. 이는 그만큼 소비가 사람들 삶과 경제

활동 전반에서 막강한 힘을 휘두른다는 뜻입니다.

성장사회와 소비사회는 서로 합쳐져서 한 몸을 이룹니다. 이 결합체를 '성장-소비사회'라 표현할 수 있습니다. 더 많은 소비가 더 큰 성장을 만들어내고, 이렇게 커진 성장이 다시 더 많은 소비를 만들어내는 무한 반복 속에서 이 사회는 유지되고 번창하죠. 이것이 자본주의 체제가 굴러가는 방식이며, 이것을 구현하는 것이 대량생산·대량소비·대량폐기 시스템입니다.

사람들의 생활방식도 매한가지예요. 더 많은 소유와 소비에 기초한 더 큰 물질의 풍요. 더 강한 권력과 더 높은 지위. 수많은 사람이 이런 것들을 손에 넣으려고 평생을 분주하게 살아갑니다. 이것이 행복에 이르는 길이라고 믿는 사람도 적지 않죠. 그 결과 현대 자본주의 체제나 현대인의 삶 마디마디에는 무엇이든 더 커지고 많아지는 것을 좋은 것, 훌륭한 것, 바람직한 것, 다시 말해 진보나 발전으로 여기는 습성이 깊이 배어 있습니다.

멈추면 쓰러진다

이것이 집약된 것이 경제성장 신화입니다. 수많은 사람이 경제가 되도록 빨리 그리고 크게 성장하는 것을 선진국에 이르는 지름

길이라고 여깁니다. 경제성장률이 떨어지면 무슨 큰 문제나 위기가 발생한 것처럼 호들갑을 떨죠. 나라와 개인을 막론하고 '성장중독증'에 걸렸다고 해도 지나친 말이 아닙니다.

가난한 사람과 나라 들은 부유해지려고 경제성장을 요구합니다. 부유한 사람과 나라 들은 부를 더 키우려고 더 많은 경제성장을 추구하죠. 그 바람에 경제는 물론 사회를 구성하는 수많은 제도와 시스템, 문화와 관습, 사고방식과 생활양식 등이 성장주의의 올가미에 걸리고 말았습니다. 멈추면 쓰러질 수밖에 없는 자전거처럼 지금 세상은 성장을 위해 끝도 없이 앞으로 달리고 또 달리고 있습니다.

대량생산·대량소비·대량폐기 시스템. 무한성장 이데올로기. 자본주의 체제. 오늘날 생태위기를 일으키는 밑바탕엔 이 세 가지가 톱니바퀴처럼 맞물려 돌아가면서 만들어내는 거대한 '생명 파괴 구조'가 깔려 있습니다. 줄여서 '자본주의 성장 체제'라고 표현할 수 있지요. 앞서 살펴본 자본주의 소비문화는 바로 이 체제의 산물이자 '얼굴'입니다. 그래서 소비를 제대로 이해하려면 이 체제를 좀 더 깊은 차원에서 살펴볼 필요가 있습니다.

자동차 사고가 나고 전쟁이 나도
경제는 성장한다

경제성장이란 정확히 뭘까요? 경제의 양적 규모가 커지는 것입니다. 이것을 재는 가장 중요한 잣대는 GDP Gross Domestic Product, 곧 국내총생산입니다. GDP란 한 나라 안에서 한 해 동안 생산된 재화와 서비스를 모두 합한 금액을 시장가격, 즉 화폐 단위로 나타낸 것입니다. 다시 말해 화폐로 측정할 수 있는 물건과 서비스의 총생산량을 양적으로 계산해서 합친 것이지요. 따라서 생산과 화폐 거래가 더 늘어나기만 하면 GDP는 올라가고 경제성장을 이룬 것이 됩니다. 그러다 보니 실제 현실에서는 어처구니없는 일이 자주 벌어집니다.

가령 전쟁이 터지고, 환경 사고나 자동차 사고가 나고, 숲이 파괴되고, 태풍으로 도시가 쑥대밭이 되고, 사람들이 병에 많이 걸리는 것 등은 모두 나쁜 일들입니다. 하지만 이 모든 경우 GDP는 올라가고 경제는 성장하죠. 생산과 화폐 거래가 모두 늘어나기 때문이에요.

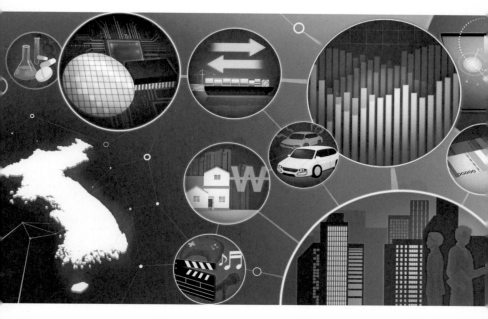

생산과 화폐 거래가 늘어나기만 하면 GDP는 올라가고 경제성장을 이룬 것이 된다.

전쟁이 터지면 어떻게 되나요? 무기를 더 많이 생산하고 사고 팝니다. 자동차 사고가 나면 어떻게 되나요? 부품을 교체하거나 새 차를 사야 합니다. 생산과 화폐 거래가 늘어나죠. 이에 미국의 어느 환경운동가는 "미국에서 자동차 사고가 한 번 날 때마다 미국 경제는 성장한다"라고 신랄하게 비꼬기도 했어요.

나무를 베어내 사고팔고 그것으로 목재를 생산할 때도, 태풍으로 부서진 집과 다리를 새로 지을 때도 생산이 늘고 돈이 오갑니다. 사람이 병에 많이 걸릴수록 의약품 생산과 소비가 늘어나고 병원과 약국의 매출액이 증가합니다. 사람이 죽고, 환경이 망가지고, 공동체가 무너지고, 사회가 병들어도 이 모두 GDP가 증가하고 경제가 성장하는 결과를 낳게 되는 것이죠.

이런 경우는 또 어떤가요? 프랑스 철학자이자 생태주의 이론가인 앙드레 고르스가 쓴 《에콜로지카》(갈라파고스, 2015)라는 책에 나오는 이야기입니다. 어떤 마을에서 주민들이 힘을 합쳐 우물을 팠다고 가정해 볼게요. 덕분에 마을 사람들은 그 우물에서 자유롭게 물을 길을 수 있게 되었지요. 이 우물은 마을 공동의 재산으로서 마을 사람들에게 이득과 혜택을 안겨줍니다. 하지만 GDP는 증가하지 않습니다. 화폐 교환이 없어서죠. 물을 상품으로 사고파는 행위가 발생하지 않았다는 얘기입니다. 이에 반해 어떤 사기업이 우물을 파서 자기 소유로 만든 뒤 마을 사람들에게 돈을 받고 물을 팔면 어떻게 될까요? 이 경우에는 GDP가 증가합니다. 주민이 기업에 물 사용료를 지불하는 만큼 화폐 교환이 발생하기 때문이죠.

요컨대 주민들에게 '좋은 일'은 경제성장과 아무런 관계가 없지만 주민들에게 '나쁜 일'이 일어나니 경제성장이 이루어지게 됩니다.

우리 삶의 진상과는 무관한 GDP

문제는 여기서 그치지 않습니다. GDP에는 인간의 전체 생산 활동에서 자연이 맡은 몫은 포함되지 않아요. 예를 들어 공기와 물, 토양, 숲과 나무, 갯벌, 생물다양성 등은 아주 크고 다양한 가치를 지닙니다. 하지만 이런 가치는 현대 자본주의 경제의 '통계 숫자'에는 포함되지 않습니다. 공짜로 또는 저절로 주어지는 것쯤으로 여겨지죠. 사람들이 자연을 함부로 대하고 마구잡이로 파헤치게 된 큰 원인 가운데 하나가 이것입니다.

우리가 살아가는 데 혹은 이 세상이 유지되는 데 무척 중요한 활동인데도 화폐 거래가 없다는 이유로 GDP 계산에서 빠지는 것도 많습니다. 다음과 같은 것들이죠.

◆ 요리·청소·빨래 같은 가사노동

◆ 아이·병자·장애인·노인 등을 보살피는 돌봄노동

◆ 자기에게 필요한 것을 스스로 만들고 생산하는 자급노동

◆ 상호부조 활동

◆ 봉사 활동

◆ 물물교환

그래서 이런 일이 벌어지곤 해요. 우리 집 뜰에서 키운 감자를 이웃이나 친구들과 나눠 먹는 건 적어도 지금 경제의 관점에선 아무 의미가 없습니다. 하지만 먼 외국에서 수입해 온 감자칩을 편의점에서 돈을 주고 사 먹는 건 경제성장에 이바지하는 행위가 됩니다.

이처럼 GDP는 삶의 참된 풍요와는 거리가 먼 개념이에요. 사람에게 꼭 필요한 생산과 공급, 우리가 소중히 여기는 가치 등을 제대로 반영하지 않습니다. 사람의 기본적이고 핵심적인 필요가 얼마나 충족되는지를 알려주지도 않고요. 여기엔 '누가, 무엇을, 왜, 어떻게 생산하고 소비하는가?'라는 본질적인 질문이 빠져 있습니다. GDP와 경제성장은 전적으로 양적인 개념인 탓입니다. 그 결과 생산의 열매가 어떻게 분배되는지, 그 생산의 과정과 결과는 물론 생산으로 만들어진 물건의 소비가 어떤 결과를 낳는지에 대해서도 관심이 없습니다.

GDP는 이 세상이나 우리 삶의 진상과는 무관한, 아니 더 정확하게 말하자면 그 진상을 감추거나 왜곡하는 차가운 '통계 숫자'에 지나지 않는다고 해도 과언이 아닙니다. 오죽하면 1960년대 초 미국 대통령을 지낸 존 F. 케네디의 동생이자 미국 법무부 장관을 역임한 로버트 F. 케네디가 이런 말까지 했을까요. "GDP란 간단히 말해 삶을 가치 있게 만드는 것을 제외한 모든 걸 측정한다."

GDP 수치와 경제성장률은 사회나 인간 발전을 평가하는 지표가 될 수 없습니다. "어떻게 하면 '좋은 삶'을 살 수 있을까?" 등과 같은 중요한 질문에 답을 제시할 수 없습니다. GDP가 늘어나고 경제가 성장하는 것을 무턱대고 좋다고 여기는 건 환상이자 착각에 지나지 않아요.

이익은 사유화하고
손실은 사회화한다

그렇다면 성장 신화는 어떻게 생겨났을까요? 조금 딱딱하게 들릴 수 있겠지만 중요한 얘기이므로 한번 알아보겠습니다. 경제 성장의 신화를 선구적으로 파헤친 영국 경제학자 E. F. 슈마허는 이에 대해 '소득'과 '자본'을 제대로 구분하지 못한 결과라는 흥미로운 견해를 제시했습니다. 소득이란 "어떤 일을 하고서 얻는 수입"입니다. 자본이란 "장사를 하거나 사업을 하는 데 기본 밑천이 되는 돈"입니다. 어떤 사업가도 자본을 빠른 속도로 까먹으면서 이제는 생산이 늘어나리라고, 우리 회사는 영원히 발전하리라고 생각하지 않습니다. 자본을 까먹으면 생산과 발전의 토대를 갉아먹어 오히려 망하는 길로 가게 되니까요. 슈마허는 지금 우리 경제가 이 사실을 무시하기 때문에 어리석게도 끝없는 성장을 추구한다고 지적합니다.

이를 잘 보여주는 것이 석유입니다. 석유는 인간이 생산한 자원이 아닙니다. 본디 자연에 존재하던 것을 인간이 '찾아냈을' 뿐

이잖아요? 더군다나 석유는 재생될 수 없습니다. 많이 쓸수록 빨리 고갈될 수밖에 없지요. 중요한 건 석유가 소득이 아니라 자본이라는 사실입니다. 인간이 수고해서 만들어낸 것이 아니기 때문이죠. 그런데 지금 경제는 거꾸로입니다. 석유를 자본이 아니라 소득으로 취급해요. 본래부터 자연에 묻혀 있던 걸 찾아내 뽑아 쓰는 것인데도 마치 우리가 뭔가를 해서 생긴 이익, 다시 말해 우리가 만들어낸 이익처럼 여긴다는 말이죠. 앞서 말했듯 자본이 줄어들고 바닥나면 망하는 길로 가는 것입니다. 그러니 석유를 자본으로 여긴다면 어떻게든 까먹지 않고 잘 보존하려고 노력할 거예요. 하지만 지금의 자본주의 성장체제는 자본이라 할 수 있는 석유가 고갈되고 있는데도 끝없는 성장에 대한 환상에서 벗어나지 못하고 있습니다. 이를 두고 슈마허는 "자기 스스로를 죽이는 오류"를 저지르는 짓이라고 강력하게 비판했어요.

　이런 오류를 저지르게 된 이유는 뭘까요? 그것은 우리가 우리 스스로 만들지 않은 것은 가치 없는 것으로 여기는 습성에 길든 탓입니다. 생산에 도움이 되는 자본은 다양합니다. 과학기술과 전문 지식, 도로·철도·항만·공항 등과 같은 사회간접자본, 각종 기계나 설비·장치 등을 꼽을 수 있지요. 우리는 이런 것들을 만들고 유지하는 데 많은 돈과 자원을 쏟아붓습니다. 하지만 이런 것들은 우리가 이용하는 자본의 일부에 지나지 않아요. 따지고 보면 인간이 만든 이런 것들보다 땅, 물, 공기 등을 비롯해 자연이 제공하는 자본이 훨씬 더 큽니다. 그런데 자연은 우리가 만든 게 아니에요. 그 때문에 우리는 자연을 자본으로 인정하지 않으려 합니다. 소중한 것으로 여기지 않아요. 자연을 그저 선물로 받은 것, 아무렇게나 써도 되는 것으로 취급하려고 합니다. 이것이 문제입니다.

그러다 보니 지금 경제는 자연을 사용하면서도 그 때문에 발생하는 비용을 제대로 반영하지 않습니다. 이를테면 지금 우리가 쓰는 화석연료 가격에 기후위기와 환경파괴가 일으키는 생태적·사회적 비용이 제대로 포함돼 있을까요? 예를 들어볼게요. 석탄화력발전소는 온실가스를 대량으로 내뿜는 기후위기의 주범 가운데 하나입니다. 이 발전소를 가동하는 데 들어가는 진짜 비용은 얼마나 될까요? 초기 건설비용, 운용 및 관리비용 등으로 끝나는 걸까요?

석탄발전소가 만들어내는 건 전기만이 아닙니다. 이산화탄소를 비롯한 갖가지 오염물질과 폐열을 토해놓죠. 그 결과 기후재앙과 같은 생태적 문제는 물론 다양한 건강상 문제와 사회적 비용을 증가시킵니다. 그런데 발전소 운영 주체는 이런 비용을 부담하지 않습니다. 그 비용은 자연과 사회, 미래세대 등에게 일방적으로 떠넘겨지죠. 지금의 경제는 이런 식으로 돌아갑니다. 이것을 좀 어려운 말로 '이익은 사유화하고 손실은 사회화하는 시스템'이라고 합

석탄화력발전소가 만들어내는 건 전기만이 아니다. 영흥화력발전소 전경.

니다. 이익은 사적 기업이 차지하는 반면 손실은 사회 전체로 전가된다는 뜻이에요. 자본주의 경제의 본질 가운데 하나가 이것입니다.

'사용가치'와 '교환가치'라는 개념으로 성장 신화를 설명하는 이들도 있습니다. 사용가치란 어떤 상품을 사용할 때 실현되는 가치입니다. 예를 들어 가방은 물건을 담아서 들고 다니는 사용가치를, 시계는 현재 시각을 확인하는 사용가치를 지닙니다. 인간의 필요를 충족시켜 주는 구체적이고 실질적인 가치죠. 이와 달리 교환가치란 한 상품을 다른 상품으로 얼마만큼 교환할 수 있는지를 나타내는 상대적 가치입니다. 화폐 단위로 표시되는 가격이 교환가치예요. 시장에서 상품 거래는 이 교환가치를 기준으로 이루어집니다. 교환가치는 어떤 상품이 지닌 가치의 표현 형태 혹은 표현 양식이라고 할 수 있어요. 같은 가방이나 시계라도 명품 가방이나 명품 시계는 가격이 엄청나게 비쌉니다. 일반 상품이든 명품이든 사용가치는 같습니다. 그런데 교환가치는 크게 다른 것이죠.

인류 역사에서 대부분 경제는 사용가치를 중심으로 펼쳐져 왔어요. 사람의 실제 필요를 채우려고 물건을 만들고 팔았습니다. 그런데 대단히 특이하게도 자본주의 경제에서 중심이 되는 것은 사용가치가 아니라 교환가치입니다. 이윤을 최대한 많이 남기는 것이 이 경제 시스템의 목적이기 때문이에요. 자본주의 경제에서 가방이나 시계를 생산하는 이유는 물건을 담고 시간을 확인하는 것과 같은 사람들의 필요를 충족시키기 위해서가 아닙니다. 이윤을 창출하기 위해서죠. 자본주의라는 '기계'를 움직이는 '엔진'은 사용가치가 아니라 교환가치입니다. 이것이 자본주의 체제에서 생산·유통·소비·폐기되는 모든 상품의 속성입니다.

어떤 경제가 사용가치 중심으로 돌아간다면 무한 성장이 필요하지 않을 것입니다. 가방이나 시계를 무한대로 가지려는 사람은 없으니까요. 이에 견주어 교환가치를 중심으로 돌아가는 경제는 애당초 끝이란 것 자체가 없는 이윤 추구 논리에 종속되므로 무한 성장의 악순환에 빠질 수밖에 없습니다. 자본주의 경제가 인류 역사에서 존재했던 다른 경제 시스템들과 결정적으로 다른 점이 이것입니다. 여기엔 이제 그만하면 됐다거나 이 정도면 충분하다는 생각이 들어설 자리가 없습니다. 맹목적인 성장의 질주가 한없이 되풀이될 뿐입니다.

이런 경제가 지속가능할까?

이제 던져야 할 질문은 이것입니다. 이런 경제가 지속가능할까요? 무한 성장이 가능하려면 두 가지 전제조건이 충족돼야 합니다. 첫째, 에너지와 자원이 무한히 공급될 수 있어야 합니다. 둘째, 쓰레기와 오염물질이 무한히 배출될 수 있어야 합니다. 무한 성장이란 물건의 생산과 소비가 끝없이 늘어난다는 것인데, 앞에서 보았듯이 '물건의 일생'을 이루는 모든 단계는 자원과 에너지를 사용하고 쓰레기와 오염물질을 내놓는 과정의 연속이니까요.

그러나 이 두 가지 모두 불가능합니다. 햇빛과 바람 같은 재생에너지원을 뺀 대부분의 에너지원과 자원은 매장량에 한계가 있습니다. 그 시점이 언제일지는 정확히 알 수 없으나 종국에는 고갈될 수밖에 없어요. 에너지와 자원의 무한 공급은 원천적으로 불가능해요. 쓰레기와 오염물질도 무한히 배출할 수 없죠. 기후위기가 증거입니다. 기후위기를 일으킨 주범인 온실가스는 화석연료 사용이라는 인간 활동의 결과로 나온 것으로 쓰레기의 일종이죠. 이 온실가스라는 쓰레기 하나만으로도 지구와 인류 전체의 운명이 휘청거리고 있습니다. 쓰레기와 오염물질의 무한 배출이 불가능하다는 것을 보여주는 단적인 보기가 아닐 수 없습니다.

지구의 한계, 성장의 한계

이렇듯 성장에는 한계가 있고, 이는 두 개의 축으로 이루어집니다. 하나는 인간에게 물질과 에너지를 제공하는 지구의 자원 생산력의 한계입니다. 다른 하나는 인간이 배출한 오염물질과 쓰레기를 처리하는 지구 흡수력의 한계고요. 이 두 가지를 종합하면 결국 지구의 한계가 성장의 한계를 규정한다는 걸 알 수 있죠. 인간 활동이 이 두 가지 한계를 넘어설 때 발생하는 것이 곧 생태위기예요.

지구는 이미 이 한계를 넘어섰습니다. 지구가 제공하는 생태용량을 나타내는 개념으로 '생태발자국'이라는 게 있습니다. 일반적으로 인간이 살아가는 데 필요한 자원을 생산하고 쓰레기를 처리하는 데 드는 모든 비용을 땅의 면적으로 계산해서 수치로 나타내죠. 이에 따르면 현재 80억 명이 넘는 전 세계 인구가 먹고 쓰고 버리는 데 필요한 면적은 지구 1.75개에 달합니다. 이미 지구 생태계

지구의 자원 생산력과 흡수력은 이미 한계에 달했다.

가 수용하고 감당할 수 있는 용량을 75%나 초과했다는 뜻이에요. 이처럼 지구가 과도하게 착취당하고 있으니 지구에 기후위기 같은 큰 탈이 생기지 않는 것이 도리어 이상한 일 아닐까요? 지금 추세가 계속된다면 2030년에는 지구가 두 개, 2050년이면 세 개가 필요할 전망이에요. 만약 세계 모든 사람이 한국인처럼 산다면 네 개의 지구가 필요하고, 미국인처럼 산다면 5.1개의 지구가 필요하다고 하죠.

이런 반론이 나올 수도 있습니다. 기술 혁신 등에 힘입어 자원과 에너지원의 새로운 매장지를 찾아낼 수도 있고 대체 자원을 개발할 수도 있다고요. 물론 그렇지요. 하지만 그렇다고 한계 자체를 없앨 순 없습니다. 석유를 예로 들어볼게요. 오랫동안 인류는 대체로 질도 좋고, 채굴 비용도 적게 들고, 큰 기술적 어려움 없이 뽑아 올릴 수 있는 석유를 사용했습니다. 그런데 이제 남은 석유 대부분은 바다나 땅속 깊숙한 곳 혹은 북극 같은 곳에 묻혀 있어요. 이런 데서 석유를 얻으려면 지구를 더 심하게 망가뜨릴 수밖에 없겠죠. 더 큰 비용과 대형 사고 위험 등과 같은 난관도 무릅써야 하고요. 새로운 매장지 개발이 지구의 한계를 극복할 지속가능한 대안이 되기 어려운 까닭입니다.

석유 대체 물질을 개발하려는 시도도 끊임없이 계속될 것입니다. 하지만 이 또한 성능, 효율성, 편리성 등 여러 측면에서 석유가 여태껏 누려온 압도적 지위와 역할을 대신하긴 어렵습니다. 부분적 용도나 목적으로, 또는 어느 정도까지는 대체 효과를 볼 수 있겠지만요. 현대의 경제와 현대인들이 왜 그토록 깊이 석유에 중독되었는지 돌아볼 필요가 있습니다. 석유의 대체 물질이 등장한다고 해도 그것이 석유를 흥청망청 쓰면서 이뤄온 지금까지의 경제성장을 뒷받침하기는 어려울 가능성이 크기 때문이에요.

한 번 더 강조합니다. 지구는 한계가 있습니다. 그 당연한 결과로 성장에도 한계가 있습니다. 미국 경제학자 케네스 볼딩은 이렇게 말했어요. "유한한 세계에서 무한한 성장이 가능하다고 믿는 자는 미친 사람이거나 경제학자다." 이미 우리는 막대한 '생태적 빛'을 짊어진 채 살아가고 있습니다. 그 빚은 갈수록 쌓여 고스란히 미래로 떠넘겨집니다. 무한 성장의 불도저를 계속 밀어붙여 미래마저 파괴할 권리가 우리에게 있을까요?

경제성장이 멈추면
세상이 망할까?

이제 우리는 이런 결론에 이릅니다. 자연 생태계를 저금이라고 한다면 자꾸 원금을 까먹지 말고 이자만으로 살아가는 것이 가장 지혜로운 문명의 형태이자 삶의 방식이라는 것이죠. 자연에서 배워야 합니다. 자연은 끝없이 성장하지 않아요. 예컨대 나무가 아무리 높이 자라도 하늘에까지 닿던가요? 사람의 키가 아무리 크게 자라도 2미터를 넘는 경우가 얼마나 있던가요? 자연의 생명 세계는 성장하다가도 적절한 때가 되면 멈출 줄 알고 스스로 성장을 조절할 줄 압니다. 그다음엔 균형과 안정의 상태로 접어들죠. 이것이 건강하고 현명한 성장, 곧 성숙의 참모습입니다. 한계에 대한 성찰을 바탕으로 우리의 삶과 문명이 터득해야 할 지혜가 이것입니다.

좁은 범위에서만 숲을 베면 동식물이 큰 영향을 받지 않습니다. 하지만 일정 면적 이상의 숲이 사라지면 그때부터는 동식물이 아주 빠르게 사라집니다. 화산 폭발도 마찬가지예요. 마그마는 땅

표면 아래에서 오랫동안 부글부글 끓어오르다 더는 압력을 이겨낼 수 없는 최후의 결정적 시점, 곧 티핑 포인트^{tipping point}에 이르면 한순간에 분출합니다. 이것이 자연 생태계의 또 하나의 중요한 특성이죠. 이 시점에 이르기 전까지는 변화의 정도가 미미하고 속도도 느린 것처럼 보일 수 있습니다. 하지만 어느 순간 티핑 포인트를 넘어서면 그땐 상황을 돌이키기 어렵습니다. 한계에 무감각하거나 무지하면, 혹은 한계를 무시하거나 경시하면 이런 어리석음을 범하게 되겠죠. 생산과 소비와 성장의 맹렬한 질주 속에서 지금 우리는 티핑 포인트에서 얼마나 떨어져 있을까요?

사실은 지금의 현실 경제 자체에서도 경제성장에 대한 경보음이 계속 울리고 있습니다. 많은 전문가가 기존 방식의 경제성장이 우리를 잘살게 해주는 시대는 저물었다고 진단하고 있지요. 주요 원인으로는 인구 감소 추세와 노인층의 급속한 증가, 생태위기 대응에 필요한 비용 증가, 노동생산성 저하, 너무 많은 빚, 사회불평등 심화, 원자재 가격 상승 등을 꼽을 수 있습니다. 최근엔 코로나19 전염병 사태로 세계 경제 전체가 큰 타격을 입었지요. 갈수록 강대국들의 패권 다툼이 격렬해지고 국제 정세의 불안정성이 높아지는 가운데 에너지 위기, 식량 위기, 군사안보 위기 등도 끊이지 않고 있습니다. 이 모두 세계 전체가 구조적으로 이전과 같은 경제성장을 추구하기 어려운 시대에 접어들었음을 알려줍니다.

생산과 소비와 성장의 맹렬한 질주 속에서 우리는 지금 어디로 가고 있을까.

경제성장이 멈추거나 더디면 세상이 망할까요? 그렇지 않습니다. 만약 그렇게 생각한다면 그건 지속가능성과는 동떨어진 기존의 낡은 경제 문법에서나 통할 고정관념입니다. 오히려 이런 상황은 참된 변화를 향한 새로운 출발점이 될 수 있어요.

우리는 이미 성장이 없거나 크게 더뎌진 경제를 경험하고 있습니다. 이제 개인이든 나라든 성장 없는 경제, 성장 없는 삶, 성장 없는 미래에 적응할 줄 알아야 합니다. 무한한 성장은 더는 가능하지도 않고 바람직하지도 않습니다.

★ 함께 생각해요!

1 '성장사회'와 '소비사회'란 어떤 사회를 말할까요? 그리고 이 둘은 어떤
  관계를 맺고 있을까요?

2 경제성장을 나타내는 가장 대표적인 지표는 GDP입니다. GDP의 정확한
  의미는 무엇이며, 여기엔 어떤 한계와 함정이 숨어 있을까요?

3 세계 모든 사람이 한국인처럼 산다면 네 개의 지구가 필요하고, 미국인처럼
  산다면 5.1개의 지구가 필요하다고 합니다. 이런 얘기를 들으면 어떤 생각이
  드나요?

4 끝없는 경제성장이 불가능한 이유는 뭘까요?

5 경제성장이 멈추면 정말 큰일이 나는 걸까요?

5장
"우주여행을 가지 못해 가난하다"

RECEIPT

———————————— .... ₩ ————
———————————— .... ₩ ————
———————————— .... ₩ ————
———————————— .... ₩ ————
———————————— .... ₩ ————
———————————— .... ₩ ————

TOTAL .... ₩ ————————

THANK YOU

물질적 풍요 속에서
불행한 현대인

'포드 핀토Ford Pinto 사건'은 1970년대 미국에서 벌어진 일입니다. 핀토는 당시 미국 자동차 기업 포드사에서 만들어 팔던 소형차 이름이에요. 이 차는 인기가 좋았죠. 그런데 문제가 있었습니다. 차 뒷부분에 차량 충돌 등과 같은 충격이 가해지면 차가 폭발해서 불이 나는 사고가 잇따랐어요. 그 바람에 많은 사람이 죽고 다쳤습니다. 소비자의 불만과 항의가 빗발쳤죠. 원인을 조사해 보니 연료 탱크에 중대한 안전상의 설계 결함이 있다는 사실이 드러났습니다. 이때 포드사가 제일 먼저 한 일이 있습니다. 그들은 차의 안전성을 개선하는 설계 변경에 드는 비용과 피해자에게 지급해야 할 손해배상액을 계산해서 비교했습니다. 설계 변경에 드는 비용이 훨씬 컸지요.

이 자동차 기업은 어떤 선택을 했을까요? 그들은 이윤 논리를 충실히 따랐어요. 연료탱크 결함을 개선하는 대신 사고를 당해 죽고 다친 사람들에게 손해배상을 해주는 것이 더 이익이라는 결론을 내린 것이죠. 사람 목숨을 가볍게 여기고 경제적 손익계산만 앞세운 포드사의 냉혹한 처사에 시민들의 분노가 폭발했습니다. 소송전이 벌어졌죠. 이런 어처구니없는 현실을 그나마 조금이라도 바로잡은 건 법원의 판결이었습니다. 법원은 포드사에 피해자들에 대한 손해배상과는 별도로 연료탱크 개선 비용과 맞먹는 액수의 징벌적 손해배상을 선고했습니다.

이 사건은 자본주의 체제의 본질이 무엇인지를 보여주는 상징적 사례로 사람들 입에 널리 오르내립니다. 언급했듯이 자본주의 사회는 물질과 경제 가치를 중시합니다. 인간, 삶, 자연, 생명 등의 가치는 뒷전으로 밀리죠. 그래서 자본주의 아래서 번창하는 지금의 소비주의 문화는 사람을 사람답게 만드는 데 필요한 가치나 규범을 훼손하기 쉬워요. 인간의 존엄과 품위를 망가뜨릴 위험이 큽니다. 그래서 현대사회를 두고 상품을 대량생산하는 사회가 아니라 '퇴보'를 대량생산하는 사회라고 꼬집는 사람도 있습니다.

물론 경제적 생활 수준이 높아지고 소비가 늘면서 우리가 안락하고 편리한 삶을 누리게 된 건 누구도 부인할 수 없는 사실이에요. 이것은 매우 중요합니다. 극심한 가난으로 기본적인 소비조차 하기 힘들다면 인간다운 삶을 누릴 수 없으니까요. 이런 가난은 인간과 세상을 피폐하게 만듭니다.

문제는 소비 천국을 살아가는 현대인이 소비가 늘어난 만큼 행복한 삶을 누리지 못하고 있다는 점이죠. 많은 현대인이 풍족한 소비생활을 즐기면서도 불안과 초조감, 고독과 공허감과 상실감 따위에 시달립니다. 이동이나 일 처리 등을 빠르고 편리하게 할 수 있는 첨단 기기가 널렸는데도 오히려 더 바빠졌어요. 늘 끝없는 경쟁에 시달리죠. 겉보기로는 물질적 풍요의 바벨탑이 끝없이 높아졌지만 수많은 현대인이 스스로 불행하다고 느낍니다. 그 와중에 불평등이 깊어졌고요. 한쪽에선 넘치는 소비로 흥청망청하는데 다른 한쪽에선 헐벗고 굶주리는 사람이 수두룩합니다. 왜 이렇게 됐을까요? 무엇이 잘못된 걸까요?

앞에서 자본주의 성장체제가 이 지구와 자연에 어떤 영향을 미치는지를 알아보았습니다. 이제 이런 사회가 인간에게는 어떤 영향을 미치는지 알아봅시다.

사람과 자연에도
'값'을 매긴다

먼저 이야기할 것은 물건을 아무렇게나 쓰고 버리듯이 사람도 쉽게 쓰고 버린다는 점이에요. 즉흥적 소비주의 문화가 사람에게도 적용되는 탓에 사람도 물건처럼 일회용품으로 취급받을 때가 많습니다. 그 바람에 쓰레기로 여겨지는 사람, 쓰레기로 취급당하는 사람이 갈수록 늘어나고 있죠. 성장주의와 소비주의가 망가뜨리는 건 자연만이 아니에요. 사람도 파괴합니다.

이런 현실의 바탕에 깔린 것은 자본주의 소비문화에 내장된 상품화 속성입니다. 사람을 포함해 모든 것을 돈으로 사고파는 상품으로 만들어버린다는 얘기예요. 모든 걸 상품으로 바꾸어버리니 버려지는 물건, 곧 쓰레기가 늘어날 수밖에 없고 결국은 그 쓰레기 대열에 인간도 끼게 되는 것이죠. 사람과 삶의 상품화. 이것은 달리 말하면 사람과 삶의 '쓰레기화'이기도 합니다.

상품화는 어떻게 이루어질까요? 핵심은 가격을 매기는 것, 곧 '가격화'입니다. 내가 필요한 물건을 스스로 집에서 만들어 사용하면 그건 상품이 아닙니다. 시장에서 사고파는 것이 상품이에요. 그런데 시장에서 이런 거래가 이루어지려면 파는 사람과 사는 사람 사이에 어떤 기준이 있어야 해요. 기준이 없다면 이해관계 충돌로 분쟁과 혼돈을 피할 수 없을 테니까요. 이 기준이 바로 가격입니다. 자본주의 경제에서는 모든 것이 이런 가격화와 상품화라는 획일적 운명을 피할 수 없습니다. 자연은 말할 것도 없고 사람 또한 예외가 아니죠.

하지만 분명한 사실이 있습니다. 이 세상엔, 그리고 우리 인생엔 가격을 매길 수 없고 또 매겨서도 안 되는 것들이 많다는 것입니다. 사람 목숨에 가격표를 붙일 수 있나요? 자연도 다르지 않습니다. 숲을 예로 들어볼까요? 숲은 많은 일을 합니다. 이산화탄소를 흡수하고 산소를 내뿜어 맑은 공기를 제공하죠. 물을 저장하고 정화함으로써 깨끗한 물을 흘려보냅니다. 나무와 토양이 스펀지처럼 물을 머금어 홍수를 방어하고, 나무뿌리들이 흙을 단단히 붙잡아 토양을 안정시키고 땅의 침식과 산사태 등을 막습니다. 습도를 높이고 바람을 막아 기후를 조절하죠. 무엇보다 숲은 수많은 동식물의 보금자리예요. 숲이 지닌 이런 다채로운 가치와 기능은 눈에 보이지도 않고 화폐 단위로 측정할 수도 없습니다. 이런 숲에 가격이라는 잣대를 들이대도 될까요?

모든 것을 가격화, 상품화하는 세상에선 어떤 일이 벌어질까?

무책임과 부도덕의 제도화

이처럼 상품과 가격이 모든 걸 집어삼키는 곳에선 어떤 일이 벌어질까요? 생명의 신비함과 경이로움, 삶의 신성함이 사라집니다. 사물은 자신의 본래 가치와 의미를 잃어버립니다. 이런 세상이 온전할 리 없겠죠. 가격을 매길 수 없고 또 매겨선 안 되는 것에 가격의 낙인을 찍고, 경제적 계산을 적용할 수 없고 또 적용해선 안되는 것을 경제적 계산의 철창에 가두는 것은 그 자체로서 폭력이니까요.

그 결과 이런 곳에서는 종종 파괴나 폭력이 부의 원천이 됩니다. 어떤 물건을 생산할 때 그 물건에 얽힌 맥락이나 사연에 별 관심이 없는 건 그 당연한 결과예요. 가령 어떤 물건이 노예노동을 강요당하는 어린아이들의 피눈물로 얼룩졌든 아니든, 사람을 해치고 죽이는 데 사용되든 아니든, 자연 생태계를 폐허로 만든 것이든 아니든, 그것을 취하는 사람에게 경제적 이익을 많이 안겨주기만 하면 그것이 최고지요. 이런 곳에서 펼쳐지는 경제활동의 기본 속성은 바로 이기주의에 기초한 무책임과 부도덕의 제도화입니다.

헝가리 출신 경제사상가 칼 폴라니는 일찍이 그의 대표 저서 《거대한 전환》(길, 2009)에서 이런 식으로 돌아가는 경제 시스템을 '악마의 맷돌'satanic mills이라고 불렀습니다. 맷돌 속으로 들어가면 어떤 곡물이든 똑같은 가루로 빻아져 나옵니다. 마찬가지로 인간과 자연을 포함한 모든 것이 지금의 경제 시스템 속으로 빨려 들어가면 형체도 없이 몽땅 짓이겨져 획일적 상품으로 전락하고 만다는 뜻이 이 말엔 담겼습니다. 현대사회의 소비주의 문화는 이 악마의 맷돌과 함께 번영을 구가하고 있습니다.

'잉여인간'의 슬픔

'악마의 맷돌'이 무더기로 토해 내는 것 가운데 하나는 '잉여인간'입니다. '잉여'란 남아돎, 필요 없음, 쓸모없음 등을 뜻해요. 모든 쓰레기는 '잉여'에서 생겨납니다. 사람을 쓰레기처럼 다루는 지금 세상에는 '잉여인간'이 넘쳐납니다.

폴란드 출신 영국 사회학자 지그문트 바우만은 잉여인간을 이렇게 표현합니다. "돈으로 바꾸어주지도 않는 빈 플라스틱병이나 일회용 주사기, 그다지 매력적이지 않아 아무도 사가지 않는 상품, 조립라인에서 품질 검사관이 버리는 바람에 한 번도 사용된 적이 없는 기준 미달 제품이나 불량품."

그러다 보니 잉여인간들은 자존감과 자신감, 인간적 존엄성에 큰 상처를 입습니다. 내 삶의 주인은 나라는 자긍심, 뚜렷한 인생의 목표와 계획 등도 훼손되고요. 누구나 소중하고 특별한 사람이라는 당연한 상식이 이런 자리에선 발붙이기 어렵습니다. 이런 상태에 놓인 사람들, 이런 경험이나 느낌을 맛보는 사람들은 누구일까요? 내 주변에는 이런 사람들이 없을까요?

오래도록 일자리를 구하지 못해 절망과 체념에 빠진 청년 실업자. 쥐꼬리만 한 급여에 고된 노동, 불안정한 신분, 사회적 차별을 감내해야 하는 비정규직 노동자. 몸을 누일 조그만 공간조차 없어 지하철역과 공원 등지를 떠돌아다니는 노숙인과 부랑자. 가파른 고령화 흐름 속에서 가난과 고독과 병마에 시달리며 무기력한 여생을 이어가는 노인. 비좁고 불편하고 위험한 데다 폭염과 혹한의 살인적 공격을 고스란히 당할 수밖에 없는 쪽방과 비닐하우스 거주자. 그리고 그 많은 난민, 추방자, 망명자, 이주노동자, 불법 체류자····.

세상은 이런 이들을 종종 잉여인간으로 여깁니다. 패배자, 실패자, 낙오자라고 함부로 손가락질하기도 하죠. 사회에서 어엿한 자기 자리를 찾도록 배려해 주지 않아요. 새로운 인생길을 안내해 주는 나침반이나 지도를 제공해 주지도 않습니다. 한 번 실패하면 다시 일어설 기회를 주지 않습니다. 살다 보면 누구나 한두 번쯤은 실패하고 실수하기 마련인데 말이에요. 그래서 늘 이기는 자가 이기고 많이 가진 자는 갈수록 더 많은 부를 쌓아 올리는 악순환이 계속됩니다.

게다가 고질적 불평등이 세습까지 되고 있죠. 부자 부모, 잘난 집안에서 태어나면 진학에서든 취직에서든 뭐에서든 '인생 성공'

불평등이 깊어지면서 경쟁에서 밀려나는 사람이 점점 더 많아지고 있다.

확률이 압도적으로 높아집니다. 그러지 못한 수많은 사람은 살벌한 경쟁의 사다리에서 번번이 미끄러집니다. 그때마다 좌절의 한숨을 내뱉으며 '이생망'(이번 생은 망했어)을 되뇝니다. 이런 상황에서 잉여인간들은 세상의 뒷골목으로 밀려나 무관심 속에서 아무렇게나 버려지고 내팽개쳐집니다. 그 형태나 방식은 해고, 배제, 혐오, 소외, 차별, 추방 등 아주 다양합니다.

물신주의가 지배하는 자본주의의 필연적 결과

돈과 상품 중심으로 돌아가는 자본주의 소비사회에서 사람들은 본래 쓰레기에 별 관심을 두지 않습니다. 보지 않음으로써 보이지 않게 만드는 것. 생각하지 않음으로써 생각하지 않게 만드는 것. 이것이 쓰레기입니다. 이는 물건 쓰레기든 사람 쓰레기든 마찬가지예요. 그렇게 잉여인간은 보이지 않게 되고 이들의 목소리 또한 들리지 않게 됩니다. 오늘날 이런 잉여인간이 늘어날 가능성은 점점 커지고 있어요. 갈수록 불평등이 깊어지면서 경쟁에서 밀려나는 사람이 많아지고 있어서죠. 까딱 잘못하면 누구나 '쓰레기'가 될 수 있습니다.

앞서 언급한 지그문트 바우만은 이런 시대를 이렇게 진단했습니다. "오늘은 쓸모 있고 꼭 필요한 물건들도 극히 일부의 예외를 빼면 내일은 쓰레기가 된다. 어떤 것도 진정으로 필요하지 않으며, 어떤 것도 다른 것으로 대체할 수 있다. 모든 것은, 태어난 것이든 만들어진 것이든, 인간이든 아니든, 유한하며 없어져도 상관없는 존재다."

인간을 쓰레기처럼 취급한다는 건 인간이 기계처럼 부림을 당한다는 것과 비슷한 얘기입니다. 19세기 영국 작가이자 예술가였던 윌리엄 모리스는 일찌감치 이런 사회를 '모조품 사회'라고 지적했어요. 그는 이렇게 말했습니다. "모조품 사회는 계속해서 당신을 기계처럼 사용하고, 기계처럼 연료를 공급하고, 기계처럼 감시하고, 기계처럼 일만 하도록 만들 것이다. 그리고 당신이 더 이상 작동하지 않게 되면 고장 난 기계처럼 내다 버릴 것이다." 세계 가톨릭교회를 이끄는 프란치스코 현 교황은 이렇게까지 말했습니다. "많은 사람이 자기 자신을 쓰고 버려지는 '소비재'라고 여기지만, 이제는 심지어 쓰이지도 않은 채 그냥 '찌꺼기'처럼 버려지고 있다."

잉여인간이 대량으로 생겨나는 것이 일시적이거나 예외적인 현상일까요? 아닙니다. 물신주의가 지배하는 자본주의 성장-소비 사회가 만들어낸 필연적이고도 구조적인 결과입니다. 과잉과 잉여의 문명이 펼쳐 보이는 소비의 쇼윈도는 그지없이 화려하죠. 하지만 그 안에 진열된 상품들 뒤로는 쓰레기처럼 버려지는 잉여인간의 그림자가 길게 드리워져 있습니다.

자유는 어디에…

　자본주의 소비사회를 좀 더 깊이 들여다보면 인간의 자율성 훼손이라는 또 다른 중대한 문제가 있습니다. 오스트리아 태생의 사상가 이반 일리치는 '근원적 독점'과 '가난의 근대화'라는 독특한 개념으로 이 문제를 다루었어요. 근원적 독점radical monopoly이란 어떤 물건 없이는 살아갈 수 없는 환경을 만들어 그것을 사용할 수밖에 없도록 강요하는 것을 가리킵니다. 이반 일리치는 이것을 성장주의와 소비주의에 매몰된 산업기술사회의 중요한 특성이라고 지적했습니다.

　이것은 세 단계로 이루어집니다. 1단계는 새로운 상품이 만들어졌지만 가격이 비싸서 소수 부유층만 구매할 수 있는 단계입니다. 2단계는 그것의 가격이 내려가면서 보통 사람들 대다수가 구매하는 단계예요. 이 단계에서 그 상품은 가지고 있으면 '편리한' 물건이 됩니다. 3단계는 그 상품 없이는 제대로 생활할 수 없을 만큼 사회 자체의 틀이 새롭게 짜인 단계입니다. 이제 그 상품은 '편의품'을 넘어 '필수품'이 됩니다. 그러니까 근원적 독점이 뜻하는 바는 하나의 브랜드가 지배하는 상태가 아니라 한 가지 유형의 생산물이 지배하는 상태인 셈이지요. 이 상태는 사람들을 강제로 소비하도록 만들고, 이는 개인의 자율성을 제약하는 결과를 낳습니다. 이렇게 해서 근원적 독점은 자신의 필요를 스스로 결정하고 자신에게 필요한 것을 스스로 생산할 수 있는 능력을 인간에게서 빼앗아갑니다.

끊임없이 가난을 확대 재생산하는 경제성장

하나의 보기로 자동차를 살펴볼까요? 자동차가 발명됐을 때 초기에는 부자들만 자동차를 살 수 있었습니다. 당연히 그 전에는 아무도 자동차를 가지지 않았고 가질 생각도 하지 않았지요. 그런데 자동차가 발명되자 갑자기 특정 계층의 사람들이 단지 자동차가 없다는 이유로 가난해지고 말았습니다. 그러다 자동차 없이는 생활하기가 어려운 사회가 도래하면 자동차를 소유하지 못한 사람은 가난한 사람이 될 수밖에 없습니다. 지금의 세상이 그러합니다. 일본에서 활동하는 미국 출신 정치학자이자 사회운동가인 더글러스 러미스는 이렇게 비꼬기도 했습니다. 이런 식이라면 미래엔 우주여행을 가지 못한다는 이유로 가난해질지도 모른다고 말입니다.

이반 일리치가 내놓은 또 다른 개념인 '가난의 근대화' 또는 '근대화된 가난'이 뜻하는 바가 이것입니다. 자본주의 시스템에서 기술 발전이나 경제성장은 이런 종류의 희한한 가난을 끊임없이 새롭게 만들어내고 확대 재생산해요. 이 시스템이 존속하는 한 우리는 영원히 가난에 시달릴 수밖에 없어요. 우리는 끊임없이 뭔가가 '필요한' 상태에 놓이게 되고, 자본주의 소비사회의 요구에 따라 그 필요가 무제한으로 늘면서 역설적으로 더욱 궁핍해집니다. 사람이 이처럼 상품과 기술의 타율적 지배 아래 놓이면 무력해질 수밖에 없습니다. 자율적 삶의 주체로서 살아가기 힘들어요.

그래서 우리는 자연스레 이런 질문을 던지게 됩니다. 소비를 아무리 많이 한들 이것이 사람을 자유롭게 할 수 있을까? 사실 따지고 보면 소비사회에서 소비자는 그저 주어진 메뉴 안에서 뭔가를 수동적으로 선택할 수 있을 뿐입니다. 그러나 참된 자유란 메뉴의 항목과 내용을 내가 직접 결정하는 게 아닐까요? 이런 맥락에서 보면 소비사회는 인간의 자유를 근원적으로 억누르거나 왜곡하고 있다고 해야 할지도 모릅니다. 실제로 많은 사람이 자유인이 되기는커녕 오히려 소비 욕망의 노예이자 포로로 전락하고 있는 것이 현실이기도 하고요.

자본의 지배와 통제 아래 놓인 노동과 소비

사람의 삶에서 매우 중요한 노동은 어떨까요? 여기서도 인간의 자율성이 망가지기는 마찬가지입니다. 핵심 원인은 노동 과정의 분업화예요. 고도의 분업화 탓에 사람들은 자기가 맡은 부분적이고 단편적인 일만 반복적으로 하게 되죠. 그 결과 자기가 하는 일의 전체적 의미나 맥락, 일과 자신 사이의 관계를 제대로 이해하지 못하게 됩니다. 그 과정에서 거대 조직의 부속품으로 길들어가죠. 이런 상황에서 노동은 변질될 수밖에 없습니다. 별 의미도 재미도 없는, 그저 더 많은 돈을 벌려는 악착같은 몸부림으로 전락할수밖에 없지요. 그리하여 삶 또한 생존을 유지하고 끝없는 욕망을 채우기 위한 경쟁의 악순환에 자기 자리를 내주게 되었습니다.

노동자는 소비자이기도 해요. 노동함으로써 자본으로부터 임금을 받아 생활하고, 소비를 통해 자본의 지휘 아래 생산된 상품을 구매합니다. 노동자로서든 소비자로서든 자본의 지배와 통제 아래 놓인다는 점에선 다르지 않아요. 이래저래 인간은 책임 있는 주체로서 존중받지 못합니다. 힘과 존엄성, 자유와 자율성이 손상됩니다. 우리가 살아가는 성장-소비사회는 이런 토대 위에서 건설됐고 또 유지되고 있습니다.

'사회'와 '관계'를 파괴하는
불평등

인간은 본디 사회적 존재입니다. 누구든 서로 연결된 관계 속에서만 존재할 수 있고 또 살아갈 수 있어요. 이 '사회'와 '관계'를 가장 근원적으로 파괴하는 주범이 바로 불평등입니다. 성장-소비 사회가 인간과 사회에 어떤 영향을 미치는지를 이야기할 때 불평등 문제를 빠뜨려선 안 되는 까닭입니다.

먼저 버려야 할 고정관념이 있습니다. 경제성장이 사회 전체의 부를 증가시켜 결국엔 모두를 잘살게 해주리라는 주장이 그것이에요. 이는 거짓말입니다. 경제가 아무리 성장해도 그 열매는 골고루 나누어지지 않습니다. 자주 도마 위에 오르는 건 "물이 흘러넘쳐서 아래쪽으로 떨어진다"라는 뜻의 이른바 '낙수효과'trickle-down effect 이론입니다. 국가가 부유층과 대기업 등에 경제적 지원을 해주면 소비와 투자 확대로 이어지고 이 덕분에 경제가 활성화되면 그 혜택이 저소득층과 중소기업 등에도 돌아갈 것이라는 논리죠.

낙수효과 이론은 얼핏 그럴듯하게 들립니다. 그러나 우리나라의 경제성장 역사가 보여주듯이 이것이 사실과 다르다는 건 진즉에 판명 났습니다. 세계적 차원에서도 마찬가지고요. 경제성장이 한참 진행된 선진국들에서도 최근 수십 년 동안 소득과 자산의 계층 간 격차, 사회경제적 지위 변화 등 여러 측면에서 불평등 지표가 계속 나빠져 왔다는 것이 수많은 전문가의 연구 결과입니다. 물론 부분적으로 그렇지 않은 나라나 지역이 있긴 해요.

경제성장이 빈곤이나 불평등의 해결책이 될 수 없는 이유는, 부자나 가난한 사람이란 경제적 관계라기보다는 일종의 사회적 관계, 곧 사람과 사람 간의 관계를 가리키는 말이라는 점에서도 찾아볼 수 있어요. 경제성장으로 한 사회의 물질적 부를 늘려도 그 사회 전체가 풍요로워지지 않는 것은 자본주의의 풍요는 어디까지나 상대적 풍요이기 때문이에요. 다시 말해 그 풍요는 어딘가에 반드시 임금을 적게 받는 노동자나 돈이 필요한 가난한 사람이 무수히 많다는 전제 위에서 이루어진 풍요라는 말이죠. 그 때문에 아무리 경제성장으로 물질적 부를 키워도 세계 모든 사람이 부자가 될 순 없습니다. 불평등한 '관계의 구조'가 그대로 있는 한, 그런 구조 아래서 가난한 자는 본질적으로 존재할 수밖에 없다는 뜻이죠. 자본주의 시스템은 끊임없이 가난한 자들을 만들어내야 작동하고 유지될 수 있습니다.

또 한 가지 잊지 말아야 할 것은 불평등은 경제성장을 위해 불가피하게 치러야 할 대가가 아니라는 점입니다. 길게 볼 때 불평등은 경제성장의 걸림돌이라고 할 수 있어요. 불평등은 사람들 사이에 장벽을 쌓습니다. 공동체의 건강과 평화, 그 속에서 살아가는 사람들의 행복과 안녕은 물론 민주주의와 정치적 안정, 사회적 신뢰와 상호 연대 등을 갉아먹습니다. 그 결과 부를 생산하는 데 쓰일 수 있는 사회적 잠재력과 사람들의 재능을 제대로 꽃피우지 못하게 하죠. 불평등이 심하면 사회 전반의 생산적 활력, 구성원들의 역동성과 창의성 등이 떨어질 수밖에 없습니다.

불평등은 정치문제

불평등이나 가난은 경제문제라기보다는 정치문제라는 점도 주목할 대목이에요. 경제성장으로 만들어진 부를 어떻게 분배하고 운용할지를 결정하는 것은 정치의 몫이죠. 자본의 탐욕, 기업의 횡포, 시장의 왜곡 등을 규제하고 바로잡는 것 또한 정치의 몫입니다. 더 근본적으로는 성장을 어느 정도나 할지, 어떤 성장을 어떻게 이룰지를 결정하는 것이야말로 정치가 해야 할 아주 중요한 일이에요. 이윤 극대화가 목적인 기업에게 이런 결정을 맡기는 것은 고양이에게 생선가게를 맡기는 것과 다름없습니다.

경제와 관련한 결정은 경제적인 결정인 동시에, 아니 그 이전에 정치적이고 사회적인 결정입니다. 좋은 경제를 만들려면 좋은 국가, 좋은 권력, 좋은 정부를 만들어야 해요. 이를 위한 좋은 정치를 펼쳐야 합니다. 경제활동이 이루어지는 대표적인 두 영역인 기업과 시장은 별세계에 존재하는 게 아닙니다. 모두 사회에 속한 것이죠. 사회가 먼저고 기업과 시장이 나중입니다. 사람이 앞이고 자본이 뒤입니다. 이것이 경제가 정치나 민주주의와 맺어야 할 올바른 관계입니다.

무한 성장과 무한 소비의 신화는 오랫동안 빈곤층에게 자신들도 미래에 부유해질 수 있으리란 희망을 포기하지 않게 해주는 '마약' 같은 역할을 했습니다. 하지만 이는 헛된 '희망고문'에 지나지 않아요. 성장-소비사회가 추구하는 무한 성장과 무한 소비는 불평등이나 가난 문제의 해결책이 아니에요. 반대로 문제 그 자체이자 문제를 일으키는 원천이죠. 이 체제 아래 불평등은 더 깊어지고 있습니다.

우리 사회는 유독 경제성장 신화와 소비주의 문화에 깊이 사로잡혀 있는 것으로 악명이 높습니다. 우리 삶과 공동체가 평화롭지 않고 명랑하지 못한 근본적 원인이 여기에 있다고 하면 지나친 말일까요?

'호모 에코노미쿠스'와 '헬조선'을 넘어

성장사회와 소비사회라는 두 날개로 날아가는 자본주의라는 비행기가 위험한 것은 이제까지 살펴봤듯이 인간과 자연을 모두 망가뜨리는 '생명 파괴 시스템'이기 때문입니다. 오늘날 이 체제를 뒤흔들고 있는 위기는 기후재앙 같은 생태위기에 국한되지 않아요. 인간과 삶의 위기, 사회 공동체의 위기, 생명 세계 전체의 위기가 동시다발로 깊어가고 있지요.

이 체제는 물건과 함께 욕망도 대량생산합니다. 그럼으로써 생산자뿐만 아니라 소비자도 대량생산하죠. 물론 자본주의 이전에도 뭔가를 많이 가지려는 인간의 욕망 자체는 늘 있었습니다. 하지만 이 체제에서 욕망은 세 가지 측면에서 과거와 달라요. 첫째, 욕망이 한계를 무시한 채 무한을 향해 질주합니다. 둘째, 욕망이 만들어지고 채워지는 방식이 지나치게 파괴적입니다. 셋째, 이런 파괴적 폭력성을 구조적이고 체계적인 차원에서 끊임없이 확대 재생산합니다. 기후-생태위기가 보여주듯 우리 생존의 토대와 삶의 기틀이 무너지고 있는 건 그 당연한 결과입니다.

이 체제는 사람들을 '생산 기계'와 '소비 기계'로 길들이면서 '경제 동물'을 양산해 왔습니다. 미국 작가 마크 트웨인은 이런 재치 있는 말을 남겼어요. "머릿속으로 망치만 생각하는 사람들에겐 모든 문제가 못으로 보일 것이다." 자본주의 시스템에 갇힌 사람들의 머릿속을 지배하는 것은 경제와 돈이라는 망치입니다. 모든 문제를 이 망치로 두들기기만 하면 해결될 못이라고 여기죠. 그래서 현대인을 '호모 에코노미쿠스'Homo Economicus, 곧 '경제적 인간'이라 부르기도 합니다. 오로지 경제적 합리성에만 기초해 이기적으로 살아가는 사람을 가리키는 말이지요.

그래서 이 세상이 어떻게 됐나요? 수많은 사람이 허구한 날 돈타령을 늘어놓으면서 경제적 손익계산에 골몰합니다. 나만을 위한 개인주의를 앞세우죠. 냉혹한 경쟁의 정글에서 살아남으려고 발버둥을 칩니다. 그 경쟁에서 이기려고 다른 사람들을 예사로 '적'으로 여기며 짓밟기도 해요. 이긴 자가 '모든 것'을 독차지하는 이른바 '승자 독식'의 칼바람이 춤을 춥니다. 언제부턴가 이런 것이 정상적이고 보편적인 삶의 방식인 것처럼 굳어졌어요. 그 결과 사회 구성원 모두가 자유롭게 꽃피워야 할 수많은 인간적 가능성이 헛되이 고갈되고 있습니다. 모두의 삶의 터전과 우리 공동의 미래는 희생되는 반면에 소수만 이익을 챙기는 질서가 뿌리내렸습니다.

호모 에코노미쿠스는 경제적 인간, 즉 경제적 합리성에만 기초해 이기적으로 살아가는 사람을 가리킨다.

현재에 절망하고 미래를 비관하는 사회

'헬조선'이라는 말이 있습니다. 지옥^{hell}과 조선^{朝鮮}을 합성한 말로서 문자 그대로 '지옥 같은 대한민국'이란 뜻이에요. 이런 해괴한 말이 한때 젊은이 사이에 크게 유행한 적이 있고, 지금도 적잖은 사람들 입에 오르내리고 있습니다. 흔히 우리나라는 산업화와 민주화를 모두 성공적으로 이룩한 나라라고 하죠. 이제 선진국 대열에 진입했다는 국제적 평가도 심심찮게 들려요. 이런 성과를 부정하는 건 옳지 않습니다. 다만 현실을 직시해야 한다는 점을 강조하고 싶어요.

이를테면 우리나라 출생률은 세계에서 가장 낮습니다. 자살률은 경제협력개발기구^{OECD} 38개 회원국 가운데 1위고요. 남녀 간 임금 격차와 노인빈곤율이 모두 OECD 1위고, 연간 노동시간은 OECD 4위입니다. 모두 중요한 지표들이지만 출생률과 자살률이 특히 눈길을 끕니다. 새로운 생명의 탄생을 거부하고 하나밖에 없는 자기 목숨을 스스로 저버리는 사람이 이토록 많다는 것이 뜻하는 바는 뭘까요? 높은 자살률이 '현재'를 들여다볼 수 있는 지표라면 낮은 출생률은 '미래'를 가늠해 볼 수 있는 잣대입니다. 현재에 절망하고 미래를 비관하는 사람이 아주 많다는 얘기죠.

이것이 우리가 살펴본 성장-소비사회가 남긴 우리 사회의 현주소를 보여주는 것이라고 한다면 지나친 비약일까요? 수많은 젊은이가 제 나라를 서슴없이 '지옥'이라고 일컫는 현상을 우리는 어떻게 봐야 할까요? 이런 현실이 계속된다면 앞으로 세상은 어떻게 될까요? 그런 세상 속에서 우리 삶은 어디로 흘러갈까요? 이제 돈, 성장, 소비의 주술에서 벗어나 참된 인간다움을 되찾아야 할 때입니다. 존엄한 삶, 품위 있는 세상의 길로 나아가야 할 때입니다.

★ **함께 생각해요!**

1 '포드 핀토 사건' 같은 일이 계속 일어난다면 세상은 어떻게 될까요?

2 지금 나는 행복한지 스스로에게 물어봅시다. 물질의 풍요와 넘치는 소비 속에서도 많은 현대인이 행복하지 않은 이유는 뭘까요?

3 '악마의 맷돌'이 가리키는 것은 무엇이며, 여기엔 어떤 의미가 담겨 있나요?

4 '잉여 인간', 곧 쓰레기처럼 취급받는 사람을 주변에서 본 적 있나요? 왜 이런 사람이 자꾸 늘어날까요?

5 "불평등이나 가난은 정치적 문제다"라는 말이 뜻하는 바는 뭘까요?

6장
가장 좋은 소비는 존재하지 않는 소비다

RECEIPT

▬▬▬▬▬▬	.... ₩	▬▬▬▬
▬▬▬▬▬▬	.... ₩	▬▬▬
▬▬▬▬▬▬	.... ₩	▬▬▬▬
▬▬▬▬▬▬	.... ₩	▬▬▬
▬▬▬▬▬▬	.... ₩	▬▬▬
▬▬▬▬▬▬	.... ₩	▬▬▬

TOTAL .... ₩ ▬▬▬▬▬▬

THANK YOU

세상을 바꾸는 값진 무기,
소비

    설탕 원료인 사탕수수는 본래 남아시아와 동남아시아 지역이 원산지예요. 점차 중국, 인도, 페르시아 등지로 퍼져나가다 유럽에 전해진 것은 11세기 말부터 13세기까지 벌어진 십자군전쟁 등을 거치면서였죠. 이후 한동안 유럽에서 설탕은 고급스러운 사치품에 속했어요. 그러다 16세기부터 유럽의 제국주의 팽창 흐름이 거세졌고, 17세기 즈음부터 유럽 제국주의자들은 식민지로 빼앗은 라틴아메리카의 서인도제도와 브라질 등지에서 본격적으로 사탕수수를 재배하기 시작했습니다. 설탕을 대규모로 생산하려면 많은 노동력이 필요해요. 그래서 유럽인들은 아프리카에서 흑인을 마구잡이로 '사냥'해 와서 노예로 부려먹었어요. 설탕 생산량이 크게 늘었지요. 그 덕분에 19세기에 접어들어 설탕은 수많은 사람이 즐겨 먹는 대중적인 식품이 되었습니다.

    이런 상황에서 설탕 불매운동(소비자가 어떤 상품을 만든 업체나 국가에 대한 항의나 저항의 뜻을 표시하려고 특정 상품을 사지 않는 일)이 벌어지기 시작했습니다. 노예제를 반대하는 사람들이 노예노동으로 생산된 비윤리적인 상품은 소비하지 말자고 촉구한 데 따른 움직임이었죠. 여기엔 마찬가지로 식민지에서 노예노동으로 생산된 초콜릿과 커피 등도 포함됐습니다.

설혜심이 쓴《소비의 역사》(휴머니스트, 2023)에 따르면, 당시 어느 팸플릿에 "설탕 1파운드를 소비할 때마다 사람의 살 2온스를 먹는 것이나 마찬가지다"라는 글귀가 실리기도 했다고 해요. 노예노동으로 생산된 설탕을 사 먹는 것은 야만적인 '식인 행위'와 다를 바 없다는 것이죠. 이에 따라 당시 약 30만~40만 명에 이르는 영국 사람이 이 운동에 동참해 설탕 소비를 그만두었습니다. 영국 전체 가구의 약 90%가 설탕 덜 먹기 운동에 동참했다는 연구 결과도 있고요. 이런 성과를 토대로 설탕 불매운동은 단순히 특정 음식 반대 차원을 넘어 당시 중요한 시대적 과제였던 노예제 폐지 흐름에 큰 힘을 보태게 됩니다.

오래전 영국에서 벌어졌던 이 설탕 불매운동이 오늘날 널리 퍼진 이른바 '윤리적 소비'의 기원이에요. 소비자 운동의 첫 사례인 셈이죠. 인간이 자본주의 소비사회의 굴레 아래서 어떻게 되는지를 앞에서 살펴보았어요. 그런데 우리 인간은 마냥 수동적이고 무기력한 소비자에 머물기만 하는 건 아니에요. 영국의 설탕 불매운동이 일깨워주듯이 소비의 역사를 들여다보면 소비가 세상을 바

사탕수수를 자르고 있는 사람들. 설탕 생산에는 많은 노동력이 필요했다.

꾸는 값진 무기 역할을 한 사례를 심심찮게 찾아볼 수 있답니다.

　　지금까지 현대사회에서 소비란 무엇이며 어떤 의미를 지니는지, 소비가 어떻게 이루어지며 그 결과는 무엇인지, 성장-소비사회로 요약되는 지금의 자본주의 세상이 어떻게 움직이며 그 속에서 어떤 일들이 벌어지는지 등을 살펴보았어요. 이제 생각해야 할 것은 우리가 해야 할 일은 무엇이고, 우리가 가야 할 길은 어딘가입니다.

세상을 움직이는 힘,
윤리적 소비

먼저 개인적인 실천 방법들을 얘기해 볼게요. 우리는 매일매일의 평범한 소비생활에서 다양한 실천을 할 수 있어요. 소비 대상을 구체적인 물건을 넘어 에너지와 자원 등으로 넓히면 더욱 그렇고요. 다 아는 내용이지만 한 번 더 확인하고 넘어가자는 뜻에서 얘기하면 다음과 같은 것들이지요.

일회용품을 덜 쓰고 장바구니, 텀블러, 손수건 등을 들고 다니기. 안 쓰는 플러그는 빼두고, 샤워는 빨리 끝내고, 설거지나 빨래는 모아서 하기. 쓰레기 분리배출을 규정에 맞게 열심히 하기. 물건을 아껴 쓰고 오래 쓰며 재활용·재사용하려고 노력하기. 온라인 쇼핑과 음식 주문 배달을 줄이고 과대 포장된 제품은 사지 않기. 개인 승용차 대신 버스나 지하철 등 대중교통을 이용하며 최대한 많이 걷고 자전거 자주 타기. 비행기를 이용한 장거리 여행 줄이기. 동물 고기와 패스트푸드 등은 덜 먹는 대신 제철 음식, 내 고장에서 난 먹거리, 유기농 식품 등을 많이 먹기. 그리고 기타 등등.

이런 실천은 소소하게 여겨지기 쉽습니다. 하지만 많은 사람의 행동이 모이고 쌓이면 큰 효과를 낼 수 있고 세상을 움직이는 힘이 될 수 있어요. 이런 움직임의 연장선에서 나온 것이 앞서 언급한 '윤리적 소비'예요. '착한 소비'라는 말도 자주 쓰죠. 이 둘은 표현은 다르지만 뜻은 비슷해요. 개인의 사적 이익만 추구하는 게 아니라 인간, 사회, 환경 등과 관련된 윤리적이고도 공적인 책임을 고려하면서 행하는 소비를 가리킵니다. 나의 소비 행위가 이웃과 공동체, 지구 등에 어떤 영향을 미치는지를 성찰하는 것이 핵심이죠.

이런 소비는 '가치 소비'라고 할 수 있습니다. 가치 소비란 브랜드, 광고, 가격, 디자인 등에 휘둘리지 않고 자신이 추구하는 가치와 신념에 걸맞은 소비 행위를 할 때 사용하는 말이에요. 가치 소비는 다양한 영역에서 다양한 형태와 방식으로 이루어질 수 있어요. 요즘엔 환경보호, 동물복지, 사회적 책임, 사회경제적 약자 후원, 시민사회단체 지원, 가난한 나라 사람들의 생활 향상이나 자립 활동 후원 등을 위한 가치 소비 움직임이 활발합니다.

그래서 이를테면 환경문제에 관심이 많은 소비자는 에너지가 덜 들고 온실가스 배출이 적은 제품, 재활용이나 재사용이 가능한 제품, 유기농 식품, 친환경 세제, 재생지를 사용한 종이 제품 등을 소비하려고 애씁니다. 동물복지나 동물권에 관심이 많다면 동물의 가죽이나 털을 사용하지 않은 제품, 동물실험 같은 동물학대를 저지르지 않고 만들어진 제품 등을 선택하겠죠. 이런 소비자를 '그린슈머'greensumer라고 부릅니다. 자연을 나타내는 '그린'과 소비자라는 뜻의 '컨슈머'consumer를 합쳐서 만든 말입니다.

생산자와 소비자가 함께 사는 길

공정무역 제품을 사는 것도 하나의 방법이에요. 공정무역이란 어떤 물건을 만든 생산자에게 노동의 수고에 걸맞은 공정한 대가와 좋은 노동조건을 제공하고, 물건을 만드는 과정에서 환경이나 인권을 파괴하지 않는 제품을 국제적으로 거래하는 것을 뜻해요. 무역을 하되 '공정하고 정의롭게' 하자는 것이죠. 그래서 공정무역은 노동자든 농민이든 생산자가 경제적으로 좀 더 안정된 생활을 누리고 가난에서 벗어나 자립하는 데 소중한 도움을 줄 수 있습니다. 공정무역 제품의 판매로 생기는 수입 중 일부는 학교와 병원 건설, 농기구 구입 등과 같이 그 제품을 생산한 현지에서 꼭 필요한 일에 쓰이기도 합니다. 환경파괴를 막는 것은 물론 아동 노동을 금지하고 여성 인권을 지키려고 애쓰기 때문에 사람과 자연 모두에게 이로운 방식이라고 할 수 있습니다. 사람들의 관심과 참여가 높아지면서 지금은 설탕, 초콜릿, 커피, 옷, 수공예품, 운동화, 축구공, 잼, 꿀, 주스 등 아주 다양한 품목을 공정무역 제품으로 살 수 있습니다.

환경오염을 둘러싼 우려가 커지고 건강에 대한 관심이 높아지면서 안전한 친환경 먹거리를 찾는 사람이 부쩍 늘었지요. 이럴 때 필요한 가치 소비 방법은 소비자생활협동조합, 줄여서 흔히 '생협'이라고 부르는 협동조합에 가입하는 거예요. 그리고 여기서 운영하는 매장에서 먹거리를 비롯해 필요한 물건을 사면 됩니다. 협동조합이란 일반 시민이 경제, 사회, 문화 등 여러 측면에서 공통의 필요나 목적을 충족시키기 위해 스스로 모여서 만든 자율적 조직을 가리켜요. 생협은 협동조합의 한 종류입니다. 보통 "생산자로부터 물자를 싼 가격에 살 목적으로 소비자들이 모여서 만든 협동조합"이라고 정의하죠. 우리나라의 대표 생협으로는 아이쿱, 한살림, 행복중심생협, 두레생협, 대학생협 등이 있습니다.

생협의 전통적인 핵심 활동은 친환경 농산물 직거래예요. 생협을 통해 소비자들은 안전하고 신선한 농산물을 농민들로부터 공급받습니다. 농민 생산자들은 생협이 이윤과 경비를 최소한으로 줄여주는 덕분에 '좋은 가격'을 보장받고요. 생협으로 맺어진 관계 속에서, 서로에 대한 믿음을 바탕으로 서로의 필요와 욕구를 채워주는 것이죠. 먹거리를 넘어 생활 전반에 걸친 다양한 문제를 해결하기 위해 자조와 자치와 자립을 추구하는 여러 활동을 펼치기도 합니다.

가장 좋은 소비는
존재하지 않는 소비

'좋은 소비'를 실천하는 방법이나 통로는 무척 다양합니다. 누구든 자신의 관심사나 취향, 여건에 맞는 방식으로 손쉽게 참여할 수 있어요. 나아가 이런 움직임은 다수의 사람이 모여 한목소리를 내거나 집단행동을 하기도 하는 소비자 시민운동으로 발전하기도 하죠. 이 또한 매우 다양합니다. 특정 제품 불매운동, 건강·안전·환경 등과 관련한 엄격한 제품 품질 검사나 조사 촉구, 사회적·환경적 책임 등과 관련한 강력한 기업 규제 요구, 범죄 기업 처벌 요구, '아무것도 사지 않는 날'Buy Nothing Day 캠페인 등이 그 보기입니다.

'아무것도 사지 않는 날'은 조금 생소한가요? 이것은 하루쯤은 소비를 멈추고 우리가 살아가는 방식을 되돌아보자는 뜻에서 1992년 캐나다에서 처음 시작되었어요. 우리의 지나친 소비가 지구를 얼마나 파괴하는지, 그 결과 다음 세대가 써야 할 소중한 자원을 우리 세대가 다 써버리는 건 아닌지 등을 성찰하는 날이지요.

하루쯤 소비를 멈춰보자!

우리나라에선 시민 환경운동 단체인 '녹색연합'이 2002년에 첫 캠페인을 벌였으며, 실천하는 날짜는 11월 26일입니다. 이날이 든 한 주일 동안에는 충동구매 하지 않기, 광고에 속지 않기, 사은품에 현혹되지 않기, 물건 재활용해서 쓰기 등을 실천하자고 권유합니다.

　노예제를 반대하며 설탕 불매운동을 벌인 영국 사람들은 설탕을 사 먹는 것은 사람의 살을 먹는 식인 행위와 마찬가지라고 비유했습니다. 이에 빗대자면 오늘날 넘쳐나는 현대인의 소비는 지구의 살을 파먹는 행위와 비슷하지 않을까요? "가장 좋은 쓰레기는 존재하지 않는 쓰레기다"라는 말이 있어요. 분리배출과 재활용 등을 열심히 하는 것도 좋지만 가장 중요한 일은 쓰레기 발생 자체를 줄이는 거라는 뜻이죠.

소비도 다르지 않아요. 소비하지 않고선 살 수 없는 노릇이니 기왕에 소비한다면 되도록 윤리적 소비, 착한 소비, 가치 소비를 하는 것이 좋습니다. 하지만 가장 좋은 소비는 '존재하지 않는 소비'예요. 소비를 줄이는 것, 즉 물건을 덜 사고 덜 갖는 것이 제일 중요합니다. 이는 곧, 늘 바쁘고 복잡한 생활에 시달리느라 단순함, 소박함, 느림 등과 같은 가치에서 멀어진 우리 삶을 성찰해 보자는 제안이기도 하죠. 무엇보다 생태위기 시대를 맞아 우리가 누리는 풍족하고 편리한 '소비의 삶'이 언제까지 지속될 수 있을지를 생각해 볼 때가 아닐까요?

"이 재킷을 사지 마세요!"

"이 재킷을 사지 마세요!"Don't Buy This Jacket.

어떤 기업이 신문에 자기 제품 광고를 내면서 이런 문구를 사용했다고 하면 믿어지나요? 상품을 팔아 돈을 버는 기업이 자기 회사 상품을 사지 말라고 온 세상에 대놓고 광고하다니 정말 엉뚱한 일이 아닐 수 없지요. 하지만 이는 실제로 있었던 일이에요. 등산복 등으로 유명한 미국의 아웃도어 제품 기업 파타고니아Patagonia 가 그 주인공입니다.

1973년 설립된 이래 환경보호와 사회적 책임을 중시해 온 파타고니아는 다른 기업에서는 찾아볼 수 없는 독특한 일들을 많이 해요. 친환경 소재와 유기농, 공정무역 제품을 사용해 옷을 만들며, 해마다 매출액의 1%를 '지구에 내는 세금'으로 정해 환경단체들에 기부합니다. 소비자들이 필요를 넘어서는 과잉 소비를 하지 않도록 오래 입을 수 있는 옷을 만들려고 애씁니다. 저 희한한 광고 문구가 탄생한 것도 이런 맥락에서죠. 재킷을 한 벌 생산할 때

새로운 형태의 자본주의를 꿈꾸는 기업 파타고니아의 광고.

마다 환경에 피해를 주므로 꼭 필요하지 않으면 사지 말라는 얘기예요. 이런 정신에 따라 무료로 옷 수선해 주기, 옷 고쳐 입기, 옷 물려 입기 등의 활동을 펼치기도 합니다. 무척 드물지만 이렇듯 기업이 먼저 나서서 가치 소비를 이끄는 경우도 있어요.

파타고니아는 최근 또 한 번 전 세계 뉴스를 장식했어요. 창업주 이본 쉬나드 회장이 2022년에 30억 달러(우리 돈으로 약 4조 원)에 이르는 자신의 회사 주식 지분을 비영리재단에 기부하고 향후 이 재단에서 나오는 모든 이익을 지구환경 보호를 위해 쓸 것이라고 발표했기 때문이에요. 그는 파타고니아 웹사이트에 '이제 파타고니아의 유일한 주주는 지구입니다'라는 제목으로 이런 글을 올렸습니다. "자연에서 얻은 자원을 투자자를 위한 이익으로 바꾸는 대신 파타고니아를 통해 만드는 재무적인 이익을 모든 자원의 원천인 지구환경을 보호하는 데 사용하겠습니다."

여기서 그치지 않습니다. 쉬나드는 공익을 위해 기부하면 세금 액수를 줄여주는 혜택마저 거부하고 200억 원에 달하는 세금을 자발적으로 납부했습니다. 실제론 공익에 관심이 없으면서 세금 액수를 줄이려는 목적으로 기부하는 위선적인 기업인이 수두룩한 현실에서 그의 이런 행동은 신선한 충격을 던졌습니다. 그는 언론 인터뷰에서 "소수의 부자와 다수의 가난한 사람으로 이뤄지는 자본주의가 아닌 새로운 형태의 자본주의를 만드는 데 영향을 미치기를 바란다"고 밝혔습니다.

　파타고니아는 더 많은 돈벌이에만 매달리는 자본주의 기업의 운영 원칙을 깨뜨렸어요. 쉬나드는 파타고니아를 경영하면서 어마어마한 돈을 벌어들였지만 그 돈은 그의 손을 떠나 지구의 품에 안겼습니다. 그는 2019년 유엔^{UN} 최고 권위의 지구환경대상('기업가 비전' 부문)을 받았습니다. 파타고니아는 현재 아웃도어 매출액 기준 세계 2위 브랜드, 모든 분야를 통틀어 미국인이 가장 좋아하는 1위 브랜드 자리에 올랐습니다. 파타고니아의 미래가 어디로 뻗어갈지 궁금하지 않나요?

차갑고 메마른 세상에
인간의 온기와 물기 더하기

아이스크림 분야에도 독특한 기업이 있습니다. 1978년 미국에서 설립된 벤앤제리스Ben & Jerry's는 아이스크림에 인종차별과 성차별 반대, 환경보호, 전쟁 반대와 평화, 빈곤 해결 등과 같은 메시지를 담아서 파는 아이스크림 제조업체예요. 회사 이름은 오랜 친구 사이인 두 창업자 벤 코언과 제리 그린필드가 자기들 이름을 따서 지었습니다. 이 회사가 하는 일들도 범상치 않아요. 이들은 성장촉진 호르몬을 먹이지 않은 젖소의 우유를 아이스크림 원료로 씁니다. 이익의 7.5%를 방금 언급한 여러 사회적 문제를 해결하기 위해 활동하는 재단이나 단체에 기부하죠. 소가 메탄가스를 덜 배출하도록 만든 특수 사료를 우유 생산 농가에 제공합니다. 소가 트림이나 방귀로 배출하는 메탄은 기후위기를 일으키는 주요 온실가스 가운데 하나거든요. 또 젖소 농장들에 대한 재생에너지 지원 활동을 펼치기도 합니다.

벤앤제리스가 특히 사회적으로 반향을 일으키며 소비자의 사랑을 받은 것은 자신들의 신념을 녹여 넣은 아이스크림을 개발해서 판매할 때였습니다. 예를 들어 1980년대 초 미국 레이건 행정부는 냉전 대결 구도 아래 군비경쟁과 핵무기 개발로 치달았어요. 이에 벤앤제리스는 정부 정책에 반대하면서 평화를 염원하는 마음을 담아 '피스 팝'Peace Pop이라는 아이스크림을 출시했습니다. 이 아이스크림 판매액의 1%를 평화를 위한 기금으로 기부했고요. '흑인 생명도 중요하다'Black Lives Matter는 구호 아래 인종차별 반대 운동이 들불처럼 번져나갈 때도 가만있지 않았어요. 이 운동에 앞장서면서 영어의 'empowerment'(신으로부터 부여받은 존엄한 권리)를 살짝 변형한 '임파워민트'Empower Mint라는 아이스크림을 내놓았습니다. 2021년 9월엔 이스라엘의 팔레스타인 점령지에서는 아이스크림을 팔지 않겠다고 선언하기도 했지요. 이스라엘이 팔레스타인 사람들을 잔혹하게 짓밟고 있어서입니다. 부당한 억압과 폭력, 야만적인 인권 파괴 범죄를 맘대로 저지르는 이스라엘 정부에 대한 항의의 표시였어요.

벤앤제리스는 지난 2000년 생활용품 거대 다국적기업인 유니레버에 팔렸습니다. 하지만 두 창업자는 매각 뒤에도 창업 정신을 지킨다는 계약 조건을 기어이 관철했습니다. 매각 가격을 낮추어 돈을 덜 받더라도 말입니다. 그 조건은 지금도 지켜지고 있다고 하죠. 이들은 "기업은 공동선을 위해 영향력을 사용할 책임이 있다"

벤앤제리스 사에서 출시한 아이스크림 임파워민트.

고 주장합니다.

  파타고니아나 벤앤제리스 같은 자본주의의 이단아들이 늘어난다면 세상이 조금은 더 훈훈해지고 명랑해지지 않을까요? 이런 기업이나 기업가를 찾아보기란 나무에 올라가 물고기를 찾는 것처럼 매우 힘든 일이지만 말이에요. 물론 최근 들어 기후위기가 깊어지면서 이산화탄소 배출을 줄이거나 재생에너지 사용을 늘리는 등 기업들의 환경문제 대응이 예전보다 활발해지고는 있습니다. 환경Environment, 사회Social, 지배구조Governance의 영문 첫 글자를 딴 'ESG 경영'이란 것이 기업마다 유행이기도 해요. 친환경 경영, 사회적 책임 경영, 투명·건전 경영 등을 중시하겠다는 것이죠. 일단은 긍정적이고 바람직한 현상입니다. 하지만 아쉬움이 큰 것도 사실이에요. 이런 움직임이 남들에게 보여주기 위한 시늉에 그치거나 기업 이미지 개선을 위한 홍보 수단으로 활용될 때가 많아서예요. 뚜렷한 철학 없이 여론 압력이나 사회 분위기에 떠밀려 마지못해 이런 시도를 따라 하는 기업이 많지요.

이런 현실에서 파타고니아나 벤앤제리스는 낯설면서도 돋보입니다. 그러니 이들 기업의 제품을 사는 일은 가치 소비의 일환이기도 하죠. 소비자들은 이들 기업의 제품을 소비함으로써 자신이 지닌 신념이나 가치를 실현하는 일에 동참할 수 있습니다. 극소수 기업의 예외적 활동이 이 세상을 크게 바꾸진 못할 거예요. 하지만 이 차갑고 메마른 세상에 인간의 온기와 물기를 더할 순 있습니다. 다른 기업들에 자극을 줄 수도 있고요. 그만큼 세상은 한 걸음 더 앞으로 나아갈 것입니다.

우리에겐 수리할 권리가 있다

소비자 운동 중에서도 요즘 뜨거운 이슈로 떠오르는 건 '수리권' 운동입니다. 수리권이란 소비자가 제품을 '수리할 권리'Right to Repair를 말해요. 앞에서 얘기했듯이 요즘은 부품이 없거나 비용 부담이 너무 커서 물건을 수리하기가 참 힘듭니다. 제조회사를 통해 수리할 때도 있긴 하지만 이 경우에도 수리 비용이 너무 비싼 건 아닌지, 꼭 필요한 부분만 적절하게 수리한 것인지 등을 정확하게 알기 힘들 때가 많습니다. 그러다 보니 조금만 손을 보면 충분히 더 쓸 수 있는 물건인데도 울며 겨자 먹기로 새것을 사곤 하죠.

수리권은 범위가 넓습니다. 단지 수리를 받을 권리에서 끝나지 않습니다. 소비자가 스스로 수리할 수 있는 권리, 제조업체가 아닌 다른 민간 수리업체를 통해서도 수리할 수 있는 권리를 포함해요. 제조업체가 수리에 필요한 부품과 기술을 민간 수리업체와 공유하고 미리 부품을 확보해 두도록 의무를 지울 수도 있고요. 더 나아가면 애초부터 손쉽게 수리할 수 있도록 제품을 설계하라고 요

RIGHT TO REPAIR UPDATE
A MOVEMENT GAINING MOMENTUM

우리에겐 수리할 권리가 있다!

구할 권리로 확장되기도 합니다. 그래서 수리권은 소비자뿐만 아니라 기업에도 중요한 이슈입니다. 수리권 요구가 높아질수록 더 튼튼하고 오래가는 제품을 만들어야 하고, 미리미리 수리에 필요한 부품도 넉넉히 생산해야 하며, 수리 관련 기술도 계속 발전시켜야 하니까요.

수리권 이야기에는 더 깊은 메시지가 담겨 있습니다. 옛날엔 손으로 직접 물건을 만들며 살아가는 사람이 많았지요. 하지만 세상이 쉽게 쓰고 쉽게 버리는 소비사회로 변하면서 이런 사람이 크게 줄었어요. 눈여겨볼 것은, 그 결과 이들이 지니고 있던 물건이나 재료 들에 대한 지식도 덩달아 사라졌다는 점이에요. 물건을 수리하는 것도 이런 관점에서 살펴볼 수 있어요. 물건을 고치거나 거기서 새로운 쓸모를 찾아낼 수 있으려면 무엇이 필요할까요?

애초에 그 물건을 만드는 데 필요한 만큼의 지식은 있어야 하겠죠. 그래서 물건을 직접 만드는 사람은 고치는 것도 잘합니다. 이를테면 목공 일을 할 줄 아는 사람은 망가진 책상이나 의자를 어떻게 고쳐야 할지를 쉽게 짐작할 수 있죠. 뜨개질에 능숙한 사람은 찢어진 옷을 어떻게 수선해야 하는지를 금세 떠올릴 수 있습니다. 이런 사람들은 물건이 만들어진 원리 자체를 알기에 삐걱거리거나 찢어진 부분이 어떤 기능을 하는지를 압니다. 그래서 그 부분을 어떻게 고쳐야 하는지도 알아요. 작업에 필요한 도구를 사용할 줄도 알고, 주변의 나무토막이나 헝겊 조각 따위를 어떻게 활용해야 하는지도 압니다. 예전엔 많은 사람이 이처럼 물건을 고치는 데 필요한 기술과 지식을 가지고 있었어요. 하지만 지금은 뭔가를 직접 만들고 수리하는 것 자체가 낯설게 여겨집니다.

특히 요즘은 공장제 대량생산 방식이 대세죠. 전문적 지식이나 기술 없이 정해진 틀과 방법에 따라 기계를 돌리는 단순 작업만으로 물건을 만들어낼 때도 많습니다. 이에 견주어 물건을 수리하는 작업은 물건에 대한 지식과 기술과 감각이 있어야, 달리 말하면 사물을 총체적으로 이해하고 있어야 할 수 있습니다. 그리고 이 일은 손으로 해야 합니다. 예를 들어 기계가 시계나 우산 같은 물건을 효율적으로 잘 만들어낼 수는 있지만 이것들을 제대로 고칠 수는 없잖아요? 대개의 경우 사람이 직접 손작업을 하지 않으면 수리나 수선은 불가능합니다.

이런 손작업을 소중히 여기는 문화에서는 설사 예술작품이 아니더라도 손으로 만든 물건을 귀하게 여길 줄 압니다. 손작업을 하려면 물질에 대한 지식과 기술, 사물에 대한 감각이나 애정 등을 갖춰야 함은 물론 작업 자체에도 많은 수고와 시간이 들어서입니다. 하지만 기계 중심의 대량생산 시스템에 기초한 소비사회가 도래하면서 우리는 이런 소중한 것을 많이 잃어버리거나 잊어버렸습니다.

실제로 현대인은 물건이 넘쳐나는 세상을 살면서도 정작 물건 자체를 제대로 알지는 못합니다. 그저 물건을 자신의 필요나 욕구에 맞춰 소비하고 사용할 줄만 알지요. 그것도 즉흥적이고 피상적으로 말이에요. 그러니 쓰고 나서 버리면 그만입니다. 누군가를 사랑한다는 건 그 사람을 잘 알고 깊이 이해한다는 뜻이죠. 물건도 마찬가지예요. 물건을 알지 못하면 그 물건을 아끼고 사랑하고 존중하는 마음이 싹트기 어렵습니다. 무식하면 용감해집니다. 아무렇게나 쓰고 아무렇게나 버리게 됩니다. 이런 흐름이 오랫동안 이어지다 보니 오래된 것, 손때 묻은 것, 삶의 자취와 냄새가 배어 있는 것, 아스라이 사라져가는 것 등에 대한 애정이나 관심이 갈수록 시들어가고 있습니다.

어떤 사물을 잘 알아야 그 사물과 제대로 된 관계를 맺을 수 있다는 점도 중요해요. 나와 관계없는 것은 함부로 대하기 마련이죠. 사물이든 사람이든 상관없습니다. 일회용품 소비문화가 창궐하자 사람 또한 일회용품처럼 취급하는 요즘 세상 모습을 앞에서 살펴봤듯이 말이에요. 이 이야기는 풍요로우면서도 부박한 현대 소비 사회에서 우리가 사물과 세계를 어떻게 대할지, 또 이들과 어떤 관계를 맺어야 할지를 알려줍니다. 동시에 수리권에 담긴 더 넓은 의미를 전해 주기도 합니다.

수리권의 중요성과 필요성이 커지면서 최근 세계 여기저기서 수리권을 보장하는 법과 제도가 새로이 만들어지고 있어요. 가령 유럽연합EU은 2020년 소비자 수리권을 보장하는 규정을 통과시켰습니다. 미국에서는 2021년 대통령이 수리권 보장을 위한 행정명령을 내렸고, 12개 주가 넘는 곳에서 수리권을 지원하는 법률을 통과시켰습니다. 영국과 프랑스에서도 수리권을 법제화하거나 관련 정책을 도입했지요. 우리나라는 아직 움직임이 미미한 편입니다. 이 문제에 관심 있는 국회의원들이 관련 법안을 발의한 적이 있고 정부에서도 법제화 논의를 시작했지만 아직 구체적 결실을 보지는 못했어요.

수리권 캠페인을 펼치는 이들은 이렇게 주장합니다. "수리할 수 없다면 제품을 소유한 것이 아니다." 우리는 과연 우리가 가진 그 많은 물건을 온전히 소유한 걸까요?

1 착한 소비, 윤리적 소비, 가치 소비가 무엇인지, 그리고 이런 소비의 실천 방법으로는 어떤 것들이 있는지 알아봅시다.

2 "가장 좋은 소비는 존재하지 않는 소비"라는 말이 뜻하는 바는 뭘까요?

3 파타고니아나 벤앤제리스 같은 기업이 우리나라에는 없는지 알아봅시다. 그리고 이런 기업들이 세상을 바꾸는 데 어떤 역할을 할지 생각해 봅시다.

4 .소비 문제를 중심으로 생활방식을 바꾸면 내 삶에는 구체적으로 어떤 변화가 일어날까요?

5 수리권이 정말 필요하다고 느낀 적이 있나요? 수리권 운동의 의미를 생각해 봅시다.

7장
지속가능한 세상을 위하여

RECEIPT

━━━━━	··············	₩	━━━
━━━━━	··············	₩	━━━
━━━━━	··············	₩	━━━
━━━━━	··············	₩	━━━
━━━━━	··············	₩	━━━
━━━━━	··············	₩	━━━

TOTAL ············· ₩ ━━━━━

THANK YOU

구조를 바꿔야
세상을 바꾼다

대단히 중요한 이야기가 남았습니다. 소비자로서 우리는 일상 생활에서 '좋은 소비'를 열심히 실천해야 합니다. 생태위기 시대에 꼭 필요한 '녹색 시민'의 책임을 다하는 중요하고도 필수적인 방법 가운데 하나죠. 그런데 이런 개인의 실천만으로 소비주의와 성장 주의가 호령하는 이 세상을 얼마나 바꿀 수 있을까요? 이 세상과 우리 삶을 진짜 제대로 바꾸려면 무얼 해야 할까요?

이런 경우를 가정해 볼게요. 여기 한 사거리가 있습니다. 자동 차는 많이 지나다니는데 신호등 같은 교통 설비도 없고 횡단보도 표시도 돼 있지 않아요. 그래서 사고가 자주 납니다. 이런 상황에 서 운전자와 보행자 개인들에게 조심하라는 요구만 한다고 해서 문제가 해결될까요? 필요한 교통 관련 설비와 시스템을 갖춰야, 즉 구조를 바꿔야 문제 해결의 실마리를 찾을 수 있습니다.

기후위기를 일으키는 에너지 낭비 문제도 한번 살펴볼까요? 우리나라에서 에너지를 낭비하는 주범은 개인이나 가정이 아니에요. 기업입니다. 한국전력공사 자료에 따르면 2023년 기준으로 우리나라 분야별 전력 소비량에서 산업용(제조업, 광업 등) 비중이 약 60%나 되고 상업용이 20% 정도를 차지합니다.

산업 분야에서 에너지를 많이 쓰는 가장 큰 이유는 나라 전체가 산업화를 통한 경제성장에 맹목적으로 매달려왔기 때문입니다. 경제성장을 급속히 이루기 위해 물불 가리지 않고 산업 발전을 밀어붙이는 과정에서 에너지를 마구 써댔던 것이죠. 산업구조 자체가 에너지를 많이 사용하는 업종 중심으로 짜인 것도 큰 원인이고요. 철강, 석유화학, 조선, 반도체 등이 주로 거론되죠. 산업용 전기요금이 가정용을 비롯한 다른 분야 전기요금보다 싸다는 점도 빼놓을 수 없는 이유입니다. 1970년대부터 경제발전과 수출 촉진 등을 위해 산업용 전기를 원가보다 싸게 공급해 온 흐름이 지금까지 이어지고 있거든요.

어떤 이들은 일반 가정이나 개인이 전기를 너무 많이 쓰는 탓에 전력 부족 사태가 일어날 것처럼 얘기합니다. 사실이 아닙니다. 이런 주장은 에너지 문제의 책임을 개인에게 떠넘기는 결과를 낳습니다. 에너지를 많이 쓰게끔 틀이 짜인 경제 시스템과 산업구조, 상품 생산 방식과 기업의 활동 방식 등을 뜯어고치지 않고서는 전력 소비를 줄이기 어렵습니다. 문제의 뿌리는 '구조'에 있다는 얘기지요.

일반 시민 개개인이 물건이든 에너지든 소비를 지나치게 많이 한다고 탓하는 건 쉬운 일입니다. 맞는 말이기도 하고요. 하지만 소비주의 토대 위에서 굴러가는 시스템 속에 사람들을 가둬놓은 뒤 끊임없이 소비를 조장할 뿐만 아니라 없던 욕망마저 뚝딱뚝딱 잘도 만들어내는 지금의 자본주의 현실을 가볍게 여겨선 안 됩니다. 시스템은 각각의 개인을 강력하게, 그리고 속속들이 지배합니다. 그 방식이 직접적이든 간접적이든, 그 사실을 의식하든 못하든 상관없이 말입니다.

흩어진 개인들의 선한 뜻이나 행동만으로는 어떤 일을 완수하는 데 한계가 있을 수밖에 없어요. 문제 해결을 위한 책임이나 의무를 개인의 몫으로 돌리는 것은 기존의 낡은 체제에서 기득권을 누려온 자들, 그래서 변화를 가로막으려는 자들이 상습적으로 쓰는 술책이기도 하고요. 구조 변화를 강조하는 또 하나의 이유가 이것입니다.

그렇다면 개인들의 일상적 실천과 생활양식 변화는 중요하지 않은 걸까요? 두말할 필요도 없이 그런 얘기는 전혀 아닙니다. 개인적 실천은 효과가 크든 작든 각 개인이 자신의 '도덕적 책임'을 다하는 것이라고 할 수 있어요. 이는 그 자체로서 의미가 크죠. 우리는 모두 이 세상에 속한 자로서 지금 세상이 처한 현실에 어떤 식으로든 자기 몫의 책임을 지고 있으니까요.

　한편 사람들은 어떤 행동을 할 때 다른 사람이나 주변의 영향을 크게 받기 마련입니다. 행동하는 개인이 많아질수록 이것이 불러일으키는 변화의 힘은 연쇄적으로 커질 거예요. 무엇보다 구조를 바꾸는 것도 결국은 사람이 하는 일입니다. 개인의 실천이 모이지 않으면 구조의 변화도 기대할 수 없죠. 개인의 변화와 구조의 변화는 하나의 길에서 만날 수밖에 없으며 또 만나야 합니다. 구조를 바꾸는 것이 근본적으로 중요하다는 사실을 명심하되 이 점 또한 잊지 말아야 합니다.

지구 한계 안에서
경제 운용하기

    소비 이야기에서 가장 중요한 구조의 변화는 경제 시스템 자체를 바꾸는 것입니다. 이를 위해 먼저 필요한 것은 경제를 보는 관점의 전환입니다. 요점은 인간이 만든 경제 시스템은 자연 생태계의 하위 체계 혹은 부분집합이라는 것이죠. 경제가 작동하는 과정이란 다른 게 아닙니다. 자연 생태계에 있는 자원과 에너지가 인간이 만든 경제 시스템으로 들어가서 생산이나 소비 같은 인간의 경제활동에 사용되고 그 뒤 폐기물 형태로 다시 자연 생태계로 나오는 과정의 연속입니다. 즉 인간 경제에서 이루어지는 물질 흐름은 자연 생태계에서 이루어지는 더 큰 물질 순환 흐름에 포함돼 있다는 것이죠. 지구의 한계가 경제성장의 한계를 규정하는 이유가 여기에 있습니다. 인간의 경제는 자연이라는 '원천'과 지구라는 '토대' 위에서만 존립할 수 있어요. 성장-소비주의 경제의 가장 큰 맹점은 이 엄연한 사실을 모르거나 얕잡아 본다는 데 있습니다.

    이는 '경제학'이라는 단어 자체만 봐도 잘 알 수 있어요. 경제학은 영어로 'economics'입니다. 이 말은 그리스어 '오이코스'oikos와 '노모스'nomos가 합쳐져서 만들어졌습니다. 오이코스는 집이나 가정, 곧 사는 곳을 뜻해요. 노모스는 관리, 규율, 법칙 등을 가리킵니다. 곧 '살림살이의 관리'가 경제의 본래 의미입니다. 오늘날 우리 인류는 유례없는 생태위기를 겪으면서 '지구 전체의 살림살이'를 어떻게 꾸려갈 것인가 하는 중대한 과제를 마주하고 있습니다. 오랫동안 무시되거나 왜곡돼 왔던 경제학의 참뜻을 되살려야 할 때라는 것이죠. 생태학은 영어로 'ecology'입니다. 이 또한 'economics'와 마찬가지로 오이코스라는 말에서 유래했어요. 경제학과 생태학의 어원이 같다는 것은 우연이 아니에요. 본래부터 자연과 경제는 연결돼 있었습니다. 경제는 자연 속에 통합돼 있었습니다. 이것을 우리가 인위적으로 분리했을 뿐이죠. 생태학과 경제학, 자연과 경제의 통합이 절실한 때입니다.

지속가능성 가치를 구현하려는 곡선의 경제

이것을 해낼 수 있는 길은 뭘까요? 길을 올바로 가려면 나침반이 필요하죠. 수많은 사람이 수많은 나침반을 내놓으면서 이것이 대안이라고 주장하고 있습니다. 논쟁도 뜨거워요. 그중에서 다양한 논의를 연결하고 모아낼 수 있는 하나의 개념을 제시하자면 '탈성장'degrowth이 아닐까 싶습니다.

'탈'脫이라는 한자는 '벗어난다'라는 뜻입니다. 경제성장 지상주의, 곧 성장의 신화와 환상에서 벗어나는 것이 가장 중요한 전제이자 출발점이라는 것이죠. 성장에 대한 강박, 중독, 집착 따위에서 벗어나 성장 속도를 늦추고 적절한 규모의 경제로 새로운 개념의 번영을 창조해 나가는 것, 이것이 '탈성장 경제'입니다. 풀어서 얘기하면, 무분별한 에너지와 자원 사용, 즉 지나친 물질 흐름을 줄임으로써 안전하고 정의로운 방식으로 자연 세계와 균형을 이루는 경제가 탈성장 경제입니다.

여기엔 두 가지 열쇳말이 있습니다. '지속가능성'과 '정의'가 그것입니다. 지속가능성은 생태적 차원이고, 정의는 사회적 차원이에요. 지속가능성의 핵심은 자연과 생명의 가치를 존중하면서 지구 한계 안에서 경제를 운용하는 것입니다. 재생 가능한 수준 이상으로 자원을 추출하지 않고 지구가 흡수·처리할 수 있는 수준 이상으로 폐기하지 않는 것이 중요하죠. 정의의 핵심은 평등하고 공정한 부의 분배입니다. 소득·자산·일자리 등을 공평하게 나누고, 모든 이가 필요로 하는 공공재를 더 많이 공급하며, 사람들이 질 낮은 노동에서 해방되는 것이 중요해요. 지속가능성과 정의, 이 두 가지 가치의 통합적 실현으로 탈성장이 이루고자 하는 것은 물질

경제의 풍요가 아닌 인간 삶의 진정한 풍요입니다.

탈성장은 생태위기를 해결할 대안의 하나로도 주목받고 있어요. 탈성장 경제는 '순환경제'circular economy를 중시합니다. 물질의 흐름이 추출-생산-유통-소비-폐기의 일직선으로 이어지는 경제를 '선형경제'linear economy라고 해요. 1장에서 보았듯이 이는 자연에서 자원과 에너지를 뽑아내 물건을 생산하고 소비한 뒤 버리는 기존 방식의 경제입니다. 이와 반대로 순환경제란 경제활동에 투입된 물질을 폐기하지 않고 경제활동 안에서 유용한 자원으로 반복 사용하는 경제 시스템을 뜻해요. 직선이 아니라 원처럼 물질이 계속 순환하도록 만듦으로써 지속가능성의 가치를 구현하려는 곡선의 경제죠. 주요 실천 과제를 살펴볼까요?

◆ 제품의 생산·유통·소비 등 모든 단계에서 자원 사용 최소화하기
◆ 제품을 기획·설계·디자인할 때부터 재활용·재사용하기 쉽게 만들기
◆ 생산 공정이나 방식 개선하기
◆ 최대한 재사용·재활용하고 나서 제품 버리기
◆ 제품을 최대한 오래 쓸 수 있도록 수리와 수선을 용이하게 하기

생태위기, 자원 고갈, 쓰레기 문제 등이 복합적으로 깊어지는 상황에서 최근 이런 방안들을 정책이나 법률 등으로 아예 제도화

하는 움직임도 세계 여기저기서 나타나고 있습니다.

탈성장은 소수의 사람만 주장하는 급진적 아이디어가 아니에요. 이를테면 2007년 노벨평화상을 받는 등 기후위기에 관한 한 가장 권위 있는 국제기구로 손꼽히는 IPCC(기후변화에 관한 정부간 협의체) 보고서에도 탈성장 이야기가 등장했지요. IPCC가 2022년에 발표한 보고서는 시스템 전환의 필요성을 다루면서 경제성장에 종속되지 않는 새로운 번영과 '좋은 삶'을 추구하는 탈성장 이야기를 안내합니다. 그러면서 탈성장 등과 같은 접근법만이 기후 안정화를 이룰 수 있다는 것을 여러 연구가 확인했다고 강조합니다. 탈성장이 기후위기의 유력한 해법으로도 떠오르고 있는 것이죠.

탈성장의 상징은 달팽이입니다. 달팽이는 겉껍데기를 소용돌이 모양으로 키워나가다 일정한 크기에 이르면 더 키우지 않아요. 더 키우면 껍데기가 너무 무거워져서 그 무게를 감당할 수 없기 때문이죠. 우리 경제, 우리 삶, 우리 문명의 껍데기는 이미 너무 커졌습니다. 그런데도 더 키우겠다고 안달복달하고 있지요. 달팽이의 지혜를 배울 때입니다.

정의롭고도 생태적인 경제

탈성장은 실현하기 힘든 낭만적 환상 혹은 관념적 이상이 아닐까? 많은 이의 머릿속에 맴돌 법한 의문입니다. 실제로 탈성장 이야기를 둘러싼 질문과 비판은 다양해요. 이는 다음 몇 가지로 간추릴 수 있습니다. 이것들에 대한 답변 내용을 중심으로 탈성장 이야기를 조금 더 깊이 살펴볼게요.

첫째, 탈성장은 가난하게 살자는 걸까요? 아니에요. 극심한 빈곤으로 인해 인간다운 삶을 누릴 수 없는 개인이나 나라는 경제적으로 더 발전해야 합니다. 기본적으로 인간다운 삶을 누리는 데 필요한 적절한 수준의 물질 조건과 생활 수준을 갖추는 것은 중요하고도 필요한 일이죠.

둘째, 탈성장은 무조건 GDP를 줄이자는 걸까요? 이 또한 그렇지 않습니다. 중요한 것은 경제의 기준과 목적을 바꾸고 우리 삶과 공동체가 추구할 가치의 우선순위를 새롭게 짜는 일이에요. 이를 토대로 해야 할 일은 성장을 멈추거나 줄여야 할 것과 성장을 늘려야 할 것을 구분하는 것입니다. 성장을 줄여야 할 것으로는 화석연료, 핵발전, 무기, 사치품(스포츠카, 개인 전용기, 호화 별장 등), 공장식 축산, 패스트 패션, 투기적 금융, 광고 분야 등을 대표적으로 꼽을 수 있습니다. 반면에 재생에너지, 대중교통, 공공의료, 공공주택, 유기농업, 재활용, 오염물질이나 온실가스 배출 감축, 문화와 지식 분야 등은 더 성장해야지요. 이렇게 줄일 것은 줄이고 늘릴 것은 늘리는 과정에서 GDP는 증가할 수도 있고 감소할 수도 있어요. 어쩌면 장기적으로 탈성장을 원만하게 이루기 위해서라도 일정 기간 정도는 '적당한' 수준으로 조절되고 관리되는 성장이 필요할 수도 있습니다.

셋째, 탈성장은 인간의 자연스러운 욕망이나 인간 능력의 발전을 억누르자는 걸까요? 아니에요. 말했듯이 탈성장의 진정한 목표는 지금까지와는 다른 종류의 풍요를 만들어내는 것입니다. 이것은 오히려 인간이 지닌 잠재력과 가능성을 더 풍성하게 꽃피우자는 겁니다. 탈성장은 모든 사람이 인간적 존엄과 기품을 누리는 토대 위에서 건강과 안전, 우정과 환대, 돌봄과 협동, 여가와 자연을 즐기는 삶을 일구자는 제안이자 포부입니다. 욕망을 버리거나 억누르자는 게 아니라 '좋은' 욕망을 토대로 더 아름답고 멋진 삶을 추구하자는 거죠. 탈성장은 근엄한 도덕군자나 무욕의 수도승처럼 살자는 얘기가 아니에요. 반대로 '웃음'에 관한 이야기입니다.

넷째, 탈성장으로 성장이 멈추거나 느려진다면 인류 모두의 복지에 필요한 물질적 부가 부족해지지 않을까요? 그렇지 않아요. 원론적으로 볼 때 인류가 지금까지 쌓아 올린 부의 총량은 모든 이가 인간답게 살 수 있는 물질 조건을 제공하기에 부족함이 없다는 것이 탈성장의 기본 인식입니다. 문제의 핵심은 부의 양 자체가 부족한 것이 아니라 부가 고르게 분배되지 않는 것, 곧 불평등입니다. 그래서 탈성장은 부와 자원의 평등한 분배를 중시하죠.

먹거리가 단적인 예입니다. 지금도 세계 곳곳에서는 굶주림 사태가 계속되고 있지요. 식량 자체가 부족해서일까요? 아니에요. 식량은 이미 인류 전체가 먹고도 한참이나 남을 만큼 생산되고 있습니다. 하지만 전 세계에서 생산되는 곡물 가운데 바이오 연료와 가축 사료 생산에 사용되는 양이 세계 전체 인구의 절반인 40억 명분에 이릅니다. 바이오 연료는 주로 자동차 연료로 쓰이므로 자동차 사용을 줄이면 그만큼 사람이 먹을 식량이 늘어나겠죠. 육식을 줄여도 마찬가지 효과를 얻을 수 있겠고요. 버려지는 먹거리도 엄청납니다. 전문가들은 수확, 유통, 소비 등 각 단계에서 폐기되는 먹거리의 10%만으로도 세계 굶주림 문제의 대부분을 해결할 수 있다는 연구 결과를 내놓고 있습니다.

옷도 매한가지예요. 전 세계적으로 해마다 만들어지는 1000억 벌의 옷 가운데 3분의 1이 버려진다는 얘기는 이 책 앞부분에서 했습니다. 천문학적 낭비가 아닐 수 없죠. 대표적으로 먹거리와 옷을 거론했지만 다른 많은 것도 이와 크게 다르지 않아요. 이런 것을 끝없이 더 많이 생산하지 않는다고 해서, 나아가 지금보다 조금 덜 생산한다고 해서 우리가 생활하는 데 큰 지장이 있을까요? 지금의 경제가 생산하는 것 중에는 불필요한 것, 필요하지만 과잉 생산하는 것이 너무 많습니다. 얼마든지 더 쓸 수 있는데 그냥 버려지는 물품도 많고요. 경제 규모를 줄이고 성장 속도를 늦춰도 사람들의 복지에 미치는 악영향은 거의 없을 수 있습니다. 아니 어쩌면 더 좋아질지도 모릅니다.

중앙아메리카의 작은 나라 코스타리카가 그런 사례 가운데 하나예요. 이 나라 소득 수준은 미국의 5분의 1에 지나지 않습니다. 하지만 코스타리카는 행복과 관련한 여러 지표에서 미국에 뒤지지 않아요. 사람들이 평균적으로 얼마나 오래 사는지를 나타내는 기대수명 등은 오히려 미국을 앞섭니다. 코스타리카는 일찌감치 1940년대 말에 군대를 폐지했습니다. 전 국토의 4분의 1을 자연보호구역으로 지정해 엄격히 관리하고 있죠. 이 나라의 잘 보전된 원시 자연을 체험하는 '생태여행'ecotourism은 큰 인기여서 많은 세계 사람의 발길이 끊이지 않습니다. 그래서 코스타리카는 평화와 인권을 중시하고 환경보전에 진심을 쏟는 나라로 유명해요. 굳이 경제성장과 GDP 수치에 매달리지 않아도, 물질 생산을 축소하고 에너지나 자원의 흐름을 줄여도, 높은 삶의 질을 누리면서 인간 발전을 이룰 수 있다는 것을 코스타리카는 보여줍니다.

탈성장과 관련한 질문들과 이에 대한 답변을 종합해 보면, 탈성장이 지향하는 경제는 나만 잘살자는 식의 이기적 경쟁주의 경제가 아니라 모두 고루 잘살자는 '연대의 경제'라는 사실을 알 수 있습니다. 탈성장을 향한 길에 부의 균등 분배, 노동시간 단축, 양질의 일자리 보장, 다양한 복지 시스템 강화 등이 함께해야 하는 이유예요.

탈성장 경제 아래 이런 일들을 차곡차곡 잘 실행한다면 거대 기업과 소수 부유층으로 쏠린 사적 부는 줄어들게 됩니다. 그 대신 절대다수 사람의 삶의 질과 복지를 높일 공적 부는 늘릴 수 있죠. 진짜 부족한 것은 부의 총량이 아니라 정의롭고도 생태적인 경제입니다. 기존 방식의 경제성장으로는 빈곤이나 불평등 문제를 해결할 수 없어요. 경제성장, 더 안 해도 우리는 잘 먹고 잘살 수 있습니다.

모든 생명이 함께 사는 법

그래서 탈성장이 추구하는 경제는 나(와 인간)만 잘살려고 남 (과 자연)을 밟고 올라서는 '사다리 경제'가 아닙니다. 상호의존과 상호연결의 관계망을 토대로 모든 생명의 공동 번영을 이루고자 하는 '그물의 경제'입니다. 이런 폭넓은 연대를 통해 나와 너, 그리 고 모든 생명이 함께 사는 법을 배워야 합니다. 이 위기의 시대에 그러지 않으면 우리는 함께 죽을 것입니다.

인류는 지난 20세기 100년 만에 그 이전 1000년 동안 사용한 에너지의 열 배를 소비했습니다. 18세기까지 인류 경제는 해마다 0.05%씩 성장했다고 해요. 그런데 세계적으로 성장-소비사회의 시대가 활짝 열린 1950년대부터는 해마다 3.7%씩 성장했습니다. 지구는 예나 지금이나 그대로인데, 지구에 가해지는 부담과 압력 은 아주 짧은 기간에 폭발적으로 늘어난 것이죠. 그러니 지구가 버 틸 수 있을까요?

그런데도 여전히 화석연료가 세계 일차에너지(가공이나 변환 과정을 거치지 않은 자연 상태의 에너지) 수요의 80% 이상을 차지하고 있는 것이 현실입니다. 위기가 깊어가는 와중에도 성장 신화와 소비 중독의 위력은 이처럼 아주 강력하고 빈틈이 없습니다. 탈출하기가 쉽지 않죠. 게다가 '오래된 것'은 좀체 사라지지 않고 '새로운 것'은 쉽게 자리 잡지 못하는 것이 세상사의 속성이기도 합니다. 하지만 어떤 일이 아직 일어나지 않았다고 해서 앞으로도 일어나지 않을 거라고 지레짐작하는 건 어리석은 일이에요. 위기에 대처할 시간이 얼마나 남았는지 정확히 알긴 어렵습니다. 그러나 우리에게 허비할 시간이 많지 않은 건 분명한 사실이에요.

탈성장은 열린 개념입니다. 탈성장은 모든 문제를 한 방에 해결해 줄 만병통치약도 아니고 유일한 해법도 아니에요. 그러니 탈성장이라는 용어를 배타적으로 고집할 필요도 없습니다. 탈성장은 우리가 같이 공부하고 토론해야 할 수많은 대안 중 하나예요.

중요한 것은 돈만 좇는 게 아니라 '사람의 얼굴'을 한 인간적 경제, 자연 한계를 인식하고 지속가능성을 추구하는 생명의 경제, 단순함과 소박함과 비폭력을 원리로 하는 평화의 경제, 모두 고루 잘사는 정의로운 경제를 건설하기 위해 더 많은 사람이 함께 만나 힘과 지혜를 모으는 일입니다. 우리가 할 일은 이런 경제를 만들어 나가는 큰길에서 '대안의 숲'을 더 울창하게 일구고 '전환의 씨앗'을 더 풍성하게 뿌리는 것입니다.

"배 위에 있는 모든 것을 던져라"

2010년 8월 우리나라 어선 오양70호가 뉴질랜드 동쪽 바다에서 침몰하는 사고가 일어났습니다. 한국인 선장은 외국인 노동자를 포함한 선원들에게 잠도 제대로 재우지 않는 등 가혹한 노동을 강요했다고 해요. 이 배는 배 뒤쪽으로 거대한 원통형 어망을 내려 청대구를 잡아 올리는 방식으로 조업했습니다. 사고가 터진 날은 청대구가 너무 많이 잡혔습니다. 배에 실을 수 있는 양을 넘었습니다. 배가 어망을 끌어 올리기는커녕 도리어 배가 어망에 끌려다닐 지경이었어요. 위험을 직감한 선원들은 선장에게 어망을 끊자고 호소했습니다. 하지만 선장은 이를 무시하고 어망을 계속 끌어 올리라는 지시를 내렸습니다. 자살 행위였죠. 청대구의 어마어마한 무게를 배는 감당하지 못했습니다. 기울어진 배로 바닷물이 사정없이 들이닥쳤고 결국 배는 가라앉고 말았습니다. 어리석고도 무모한 명령을 내린 선장을 포함해 모두 여섯 명이 목숨을 잃는 안타까운 참사였습니다.

이 사고를 비롯해 바다에서 벌어진 갖가지 범죄와 사건을 기록한 책《무법의 바다》(아고라, 2023) 저자 이언 어비나는 이렇게 말합니다. "오양70호를 침몰시킨 것은 물이 아니라 탐욕이었다. 배가 물고기를 과하게 집어삼키려 하자 바다가 역으로 배를 집어삼킨 것이다."

한 가지 이야기를 더 소개할게요. 제2차 세계대전 때 있었던 일입니다. 전쟁이 한창이던 1944년 12월 어느 날 미국 해군 주력 기동함대가 필리핀 인근 태평양 해역에서 거대한 태풍을 만났습니다. 기상정보에 대한 판단 착오로 태풍과 정면으로 부딪치게 된 이 함대는 귀중한 군함과 병사들을 모두 잃을 절체절명의 위기에 빠졌습니다. 그때 노련한 함장이 긴급 명령을 내렸습니다. "배 위에 있는 모든 것을 바다에 던져라." 생사 갈림길에 선 병사들은 무기든 식량이든 무엇이든 배 밖으로 마구 버렸습니다. 배의 침몰을 막기 위한 최후의 비상조치였죠. 만만찮은 피해가 발생했지만 그 덕분에 대규모 참사는 막을 수 있었습니다.

이 이야기들은 극한의 위기 상황에선 버려야 위기를 극복할 수 있음을, 버려야 살 수 있음을 깨우쳐줍니다. 이제 우리는 이런 물음 앞에 서게 됩니다. 우리는 얼마나 많이 소유하고 소비해야 충분할까요? 우리는 얼마나 더 편리하고 안락해야 만족할까요?

'좋은 삶'의 열쇠

이런 이야기를 하는 것은 소유와 소비 자체를 나쁘게 여겨서가 아닙니다. 사람이 살다 보면 갖고 싶은 게 있기 마련이고, 그것을 손에 넣었을 때 맛보는 기쁨은 삶의 소중한 활력소가 되기도 하죠. 누구나 인간다운 삶을 누리는 데 필요한 경제 조건을 갖춰야 한다고 앞에서 강조하기도 했지요. 경계해야 할 것은 물질의 부富 자체가 아니에요. 부에 지나치게 집착하는 것, 부를 과도하게 탐하는 것이 문제입니다.

지나친 소비와 소유가 진짜로 뜻하는 바는 뭘까요? 혹시 너무 많은 물건을 가진 탓에 인생 자체가 그 소유물을 유지하고 돌보는 데 사로잡히는 것 아닐까요? 이렇게 되면 내가 소유하는 것이 거꾸로 나를 소유하는 셈이 되지 않을까요? 내가 물건을 소비한다고 생각할지 모르지만 사실은 물건이 나를 소비하는 것 아닐까요?

'풍요의 역설'이란 말이 있습니다. 이는 소득이 어느 수준에 이르러 기본 욕구가 충족되고 나면 그 뒤로는 소득이 늘어나도 행복에 큰 영향을 끼치지 않는다는 이론을 일컫는 말이에요. 몹시 가난할 때는 돈을 많이 벌수록 행복도 덩달아 커지지만 먹고사는 데 어려움이 없을 정도의 생활 수준에 이르면 그 뒤로는 물질적으로 더 풍요로워져도 행복이 덩달아 커지는 건 아니라는 얘기죠. 이 학설을 1974년에 처음 내놓은 미국 경제학자 리처드 이스털린의 이름을 따서 '이스털린의 역설'이라고 부르기도 합니다.

호세 무히카 전 우루과이 대통령은 대통령이라는 그 높은 권력의 자리에 있을 때도 가난하고 검소하게 생활한 것으로 유명합니다. 그래서인지 특이하게도 대통령 시절보다 물러난 뒤에 더 큰 국민적 인기를 누렸어요. 이 사람이 남긴 말입니다. "진짜 가난한 사람은 가진 게 적은 사람이 아니라 아무리 많이 가져도 만족하지 않는 사람이다." 그래서 다시 묻게 됩니다. 경제성장이나 물질의 풍요, 무한 소유와 소비가 그 자체로서 목적일까요? 당연히 아니죠. 그것은 인간의 행복과 더 좋은 삶을 위한 수단입니다. 만약 이것이 뒤바뀐다면 '좋은 하인'이어야 할 물질이 '나쁜 주인'이 되는 셈이겠지요.

자본주의 성장-소비사회의 역사가 낳은 가장 큰 불행은 수단은 부유해졌지만 목적은 빈곤해졌다는 사실입니다. 그 바람에 수단이 목적을 집어삼키는 지경에 이르렀어요. 이제 무턱대고 앞으로 내달리기만 해서는 안 될 것 같습니다. 그렇게 달려가는 길 끝

지속가능한 '좋은 삶'을 누리기 위해 지금 우리가 할 수 있는 일을 찾아서.

에 무엇이 기다리고 있는지, 그리고 도대체 왜, 무엇을 위해 달리는지를 생각해 봐야 하지 않을까요? 충분한 것을 너무 적다고 여기는 사람에게는 아무리 많은 것도 충분하지 않을 거예요.

이제 우리가 새롭게 터득해야 할 것은 욕구와 필요를 구별하는 법, 소비의 양과 삶의 질을 구별하는 법, 곧 본질적인 것과 비본질적인 것을 구별하는 법입니다. 부와 행복을 다르게 정의할 줄 아는 지혜를 갖출 때입니다. 그런 삶의 감각을 배우고 익힐 때입니다. 지속가능하고도 정의로운 '녹색 미래'를 열고 우리 각자가 '좋은 삶'을 누릴 수 있는 열쇠가 여기에 있습니다.

★ 함께 생각해요!

1. '개인 변화'와 '구조 변화'의 바람직한 관계에 대해 생각해 봅시다. 구조를 바꾸는 것이 근본적으로 중요하지만 그럼에도 개인의 실천이나 생활양식 변화가 꼭 필요한 이유는 뭘까요?

2. 인간이 만든 경제와 자연 생태계는 어떤 관계를 맺고 있을까요?

3. '탈성장'의 핵심 내용과 여기에 담긴 의미는 뭘까요? 탈성장에 대한 자신의 생각을 정리해 봅시다.

4. 경제성장을 추구하지 않아도 잘살 수 있는 이유와 근거는 뭘까요?

5. 소비가 '풍요의 역설'이나 '좋은 삶'과 어떤 관계를 맺고 있는지 생각해 봅시다.

참고 문헌

도서

로버트 스키델스키·에드워드 스키델스키,《얼마나 있어야 충분한가》, 김병화 옮김,
　　부키, 2013.

마틴 린드스트롬,《누가 내 지갑을 조종하는가》, 박세연 옮김, 웅진지식하우스, 2012

미카엘라 르 뫼르,《당신의 쓰레기는 재활용되지 않았다》, 구영옥 옮김, 풀빛, 2022.

박경화,《지구를 살리는 기발한 생각 10》, 한겨레출판, 2023.

사이토 고헤이,《지속 불가능 자본주의》, 김영현 옮김, 다다서재, 2021.

선보라·전진현·최혜연,《지구를 위한 소비 수업》, 대안사회교사모임 기획, 휴머니스
　　트, 2023.

설혜심,《소비의 역사》, 휴머니스트, 2017.

세르주 라투슈,《낭비사회를 넘어서》, 정기헌 옮김, 민음사, 2014.

소스타인 베블런,《유한계급론》, 박홍규 옮김, 문예출판사, 2019.

앙드레 고르스,《에콜로지카》, 임희근 외 옮김, 갈라파고스, 2015.

애니 레너드,《물건 이야기》, 김승진 옮김, 김영사, 2011.

앤드류 니키포룩,《에너지 노예, 그 반란의 시작》, 김지현 옮김, 황소자리, 2013.

요르고스 칼리스·수전 폴슨·자코모 달리사·페데리코 데마리아,《디그로쓰》, 우석
　　영·장석준 옮김, 산현재, 2021.

윤태영,《소비 수업》, 문예출판사, 2020.

이반 일리치,《과거의 거울에 비추어》, 권루시안 옮김, 느린걸음, 2013.

이언 어비나,《무법의 바다》, 박희원 옮김, 아고라, 2023.

자코모 달리사·페데리코 데마리아·요르고스 칼리스 엮음,《탈성장 개념어 사전》, 강

이현 옮김, 그물코, 2018.

장 보드리야르,《소비의 사회》, 이상률 옮김, 문예출판사, 1992.

장성익,《내 이름은 공동체입니다》, 풀빛, 2015.

장성익,《작은 것이 아름답다-새로운 삶의 지도》, 너머학교, 2016.

장성익,《자본주의가 쓰레기를 만들어요》, 풀빛미디어, 2018.

제이슨 히켈,《적을수록 풍요롭다》, 김현우·민정희 옮김, 창비, 2021.

제프 페럴,《도시의 쓰레기 탐색자》, 김영배 옮김, 시대의창, 2013.

존 드 그라프·데이비드 왠·토마스 네일러,《소비 중독 바이러스 어플루엔자》, 박웅희

옮김, 나무처럼(알펨), 2010.

지그문트 바우만,《쓰레기가 되는 삶들》, 정일준 옮김, 새물결, 2008.

최병두 외,《녹색 전환》, 한울아카데미, 2020.

최원형,《착한 소비는 없다》, 자연과생태, 2020.

칼 폴라니,《거대한 전환》, 홍기빈 옮김, 도서출판 길, 2009.

케이트 레이워스,《도넛 경제학》, 홍기빈 옮김, 학고재, 2018.

케이트 소퍼,《성장 이후의 삶》, 안종희 옮김, 한문화, 2021.

파블로 솔론 외,《다른 세상을 위한 7가지 대안》, 김신양 외 옮김, 착한책가게, 2018.

프란치스코(교황),《찬미 받으소서》, 한국천주교주교회의, 2021.

헤더 로저스,《사라진 내일》, 이수영 옮김, 삼인, 2009.

후쿠오카 켄세이,《즐거운 불편》, 김경인 옮김, 달팽이, 2012.

언론 기사

〈국민일보〉, "빨래만 했는데 미세플라스틱 한가득?", 2021. 7. 10.

〈국민일보〉, "우리는 왜 2년마다 스마트폰을 바꿀까?", 2022. 1. 15.

〈국민일보〉, "고칠까? 새로 살까?···'수리권'이 해결한다", 2022. 2. 5.

〈국민일보〉, "플라스틱과 헤어질 결심", 2023. 6. 17.

〈뉴스펭귄〉, "OECD가 발표한 전 세계 플라스틱 재활용률은?", 2022. 2. 24.

〈뉴스펭귄〉, "'모히또서 쓰레기섬 한 잔?' 몰디브의 숨겨진 이면", 2022. 5. 23.

〈연합뉴스〉, "1134명 목숨 앗아간 방글라데시 의류공장 붕괴 참사 10주년", 2023. 4. 25.

〈연합뉴스〉, "호주, 22명 남은 나우루 난민수용소 운영에 연 4천 300억 원 사용", 2023. 5. 23.

〈한겨레〉, "유엔, 2024년까지 플라스틱 오염 막을 첫 국제협약 만든다", 2022. 3. 3.

〈한겨레〉, "근본 없는 미국맛? 세상 바꾸려는 '열망의 맛' 아이스크림", 2022. 7. 2.

〈한겨레〉, "등반가 쉬나드가 연 '자본주의의 새 길'", 2022. 9. 20.

〈한겨레〉, "지구에 투자한 파타고니아", 2022. 9. 25.

〈한겨레21〉, "쓰레기 TMI", 2021. 7. 30.

〈한국일보〉, "한국은 옷 쓰레기 수출 '세계 5위'⋯합성섬유든 천연섬유든 민폐다", 2023. 7. 5.

이미지 출처

17쪽: https://ko.wikipedia.org

24쪽: https://ndla.no (Jaber Al Nahian)

27쪽: www.shutterstock.com by Muntaka Chasant

34쪽: https://www.which.co.uk/news/article/the-hidden-cost-of-your-smart-phone-acwEe1F6EorH

39쪽: https://www.goodfon.com/miscellanea/wallpaper-trash-plastic-moun-tains-dumpster.html

45, 86, 97, 129, 150, 155쪽: https://pxhere.com

54쪽: https://pixabay.com

59쪽: https://unsplash.com

63쪽: by Nick Youngson CC BY-SA 3.0 알파 스톡 이미지

71쪽: https://pixnio.com

81쪽: https://www.goodfon.com

91. 103, 134, 177, 185쪽: https://commons.wikimedia.org

112, 169, 193쪽: https://www.flickr.com

121쪽: https://www.kita.net/board/totalTradeNews/totalTradeNewsDetail.do;J-SESSIONID_KITA=DA60091835557C0B00DC612506434B1A.Hyper?-no=73852

139쪽: https://www.insidehighered.com/news/tech-innovation/teaching-learn-ing/2023/11/16/some-colleges-overlook-technologys-dark-side

188쪽: https://www.patagonia.com/stories/dont-buy-this-jacket-black-friday-and-the-new-york-times/story-18615.html

196쪽: https://1technation.com/right-to-repair-update-a-movement-gaining-
    momentum/